공무원 합격을 위한 최고의 선택!
해커스공무원이 조시에 있습니다.

🖥 7급 완벽 대비! 해커스공무원의 기출특강

해커스공무원 7급 전문 선생님

자료해석 김용훈 · 상황판단 이준 · 상황판단 길규범 · 언어논리 조은정

국가적 시설, 독보적 관리 슈퍼스타 1:1 관리반

7급 전용 부가 콘텐츠 토익/지텔프/제2외국어

베스트셀러 1위

[베스트셀러 1위] 교보문고 외국어 베스트셀러 G-Telp 분야 1위(2021.09.01. 온라인 주간집계 기준)

📖 7급 초시생 필수! 7급 전용 합격패스

PSAT+한능검 심화강좌까지 조건 없는 무제한 수강

상황판단 길규범 · 언어논리 조은정 · 자료해석 김용훈

국가직 7급 전용 PSAT 기본서 3종 제공

수강신청 바로가기 ▼

▦ 해커스공무원 온라인 단과강의 **20% 할인쿠폰**

784C7B2BFCA23F5L

해커스공무원 사이트(gosi.Hackers.com) 접속 후 로그인 ▶
상단의 [나의 강의실] 클릭 ▶ [쿠폰등록] 클릭 ▶ 위 쿠폰번호 입력 후 이용

* 이용기한: 2023년 12월 31일까지(등록 후 7일간 사용 가능)

PSAT 패스 [기본서 포함형] **10% 할인쿠폰**　　 PSAT 패스 [기본서 미포함형] **10% 할인쿠폰**

K3KD25004CK9A000　　　　99KA250KDF53A000

해커스PSAT 사이트(psat.Hackers.com) 접속 후 로그인 ▶
우측 퀵배너 내 [쿠폰/수강권등록] 클릭 ▶ 위 쿠폰번호 입력 후 이용

* 이용기한: 2023년 12월 31일까지(등록 후 7일간 사용 가능)

| 쿠폰 이용 안내 |　1. 쿠폰은 사이트 로그인 후 1회에 한해 등록이 가능하며, 최초로 쿠폰을 인증한 후에는 별도의 추가 인증이 필요하지 않습니다.
2. 쿠폰은 현금이나 포인트로 변환 혹은 환불되지 않습니다.
3. 기타 쿠폰 관련 문의는 고객센터(1588-4055)로 연락 주시거나, 1:1 문의 게시판을 이용하시기 바랍니다.

단기 합격을 위한
해커스 커리큘럼

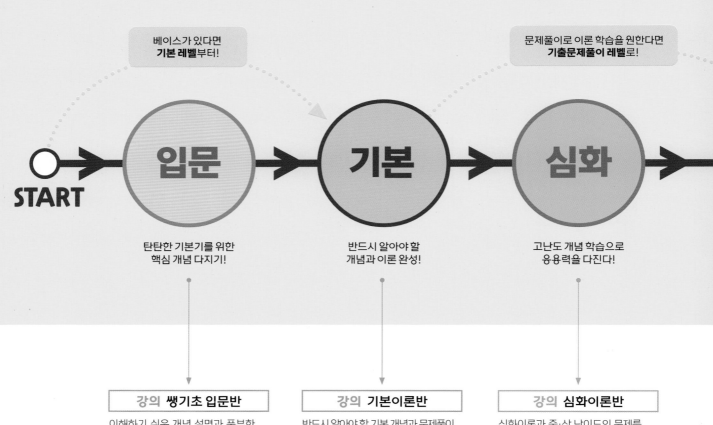

베이스가 있다면 **기본 레벨**부터!

문제풀이로 이론 학습을 원한다면 **기출문제풀이 레벨**로!

START → **입문** → **기본** → **심화** →

입문
탄탄한 기본기를 위한
핵심 개념 다지기!

기본
반드시 알아야 할
개념과 이론 완성!

심화
고난도 개념 학습으로
응용력을 다진다!

강의 **쌩기초 입문반**
이해하기 쉬운 개념 설명과 풍부한
연습문제 풀이로 부담 없이 기초를
다질 수 있는 강의

강의 **기본이론반**
반드시 알아야 할 기본 개념과 문제풀이
전략을 학습하여 핵심 개념 정리를
완성하는 강의

강의 **심화이론반**
심화이론과 중·상 난이도의 문제를
함께 학습하여 고득점을 위한 발판을
마련하는 강의

레벨별 교재 확인 및
수강신청은 여기서!
gosi.Hackers.com

* 커리큘럼은 과목별·선생님별로 상이할 수 있으며, 자세한 내용은 해커스공무원 사이트에서 확인하세요.

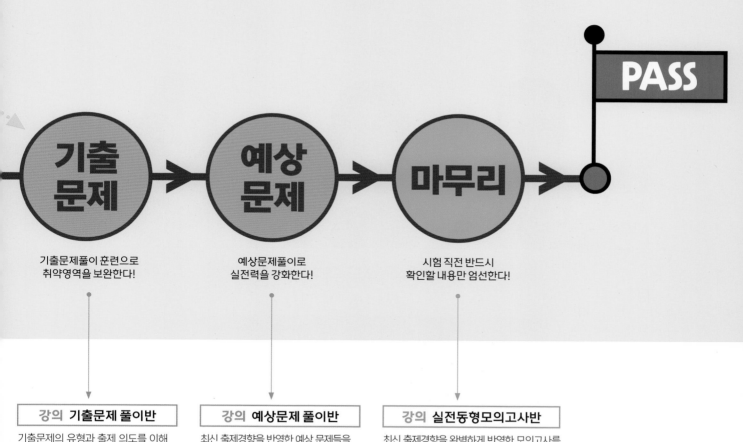

기출 문제
기출문제풀이 훈련으로
취약영역을 보완한다!

예상 문제
예상문제풀이로
실전력을 강화한다!

마무리
시험 직전 반드시
확인할 내용만 엄선한다!

PASS

강의 **기출문제 풀이반**
기출문제의 유형과 출제 의도를 이해
하고, 본인의 취약영역을 파악 및 보완
하는 강의

강의 **예상문제 풀이반**
최신 출제경향을 반영한 예상 문제들을
풀어보며 실전력을 강화하는 강의

강의 **실전동형모의고사반**
최신 출제경향을 완벽하게 반영한 모의고사를
풀어보며 실전 감각을 극대화하는 강의

강의 **봉투모의고사반**
시험 직전에 실제 시험과 동일한 형태의
모의고사를 풀어보며 실전력을 완성하는 강의

해커스
7급 PSAT
이준 상황판단
4주 완성

이론+기출+모의고사

ⓗ 해커스공무원

이준

이력
· 서울대학교 인문대학 졸업
· (현) 해커스PSAT 상황판단 대표강사
· (전) 합격의 법학원 5급공채 대표강사
· 연세대, 이화여대, 고려대, 성균관대 등 주요대학 특강

저서
· 해커스 7급 PSAT 이준 상황판단 4주 완성

7급 PSAT 상황판단,
이준과 함께하면 오릅니다.

"7급 PSAT 상황판단,

단기에 고득점이 가능한가요?"

많은 학습자들이 PSAT 상황판단의 효율적인 학습법을 몰라 위와 같은 질문을 합니다.

기출문제만 반복해서 풀어볼 뿐,

실전에서 적용하기 힘든 유형 분류와 문제풀이법으로 고심하는 학습자들을 위해 준비했습니다.

『해커스 단기합격 7급 PSAT 이준 상황판단 4주 완성』은

최신 출제 경향을 새로운 시각으로 면밀히 분석하고,

실전에서 빠르고 정확하게 적용할 수 있는 유형을 분류하여

상황판단 고득점을 단기에 완성하는 비법을 모두 담았습니다.

『해커스 7급 PSAT 이준 상황판단 4주 완성』
고득점 비법

1. '상황판단 접근법'을 통해 실질적인 유형 분류 기준을 확인하고
   효율적으로 문제에 접근한다.
2. '유형분석'과 '유형공략문제'를 통해 실전 풀이 전략을 확실하게
   숙지하고, 문제풀이 능력을 향상시킨다.
3. '출제 예상 모의고사'로 실력을 점검하고, '시험장에서 꺼내보는
   막판 고득점 전략'을 통해 최종 정리한다.

이 책을 통해 PSAT 상황판단을 준비하는 수험생 모두
합격의 기쁨을 누리시기 바랍니다.

목차

상황판단 접근법

출제 예상 모의고사

[특별 부록]

**시험장에서 꺼내보는
막판 고득점 전략**

상황판단 고득점을 위한 이 책의 활용법

1 문제풀이 사고 과정에 따른 유형별 접근 전략을 효과적으로 학습한다!

기출문제

7급 PSAT 학습에 최적화된 기출문제를 엄선하여, 그 형태와 특징을 비교해봄으로써 유형별 특징을 확실하게 익힐 수 있습니다.

핵심 체크

유형별로 핵심 접근법을 한눈에 파악할 수 있도록 정리하여 문제풀이 전후로 읽어보면서 포인트를 확실히 이해할 수 있습니다.

2 출제 예상 모의고사를 실전처럼 풀어 보면서 실전 감각을 극대화한다!

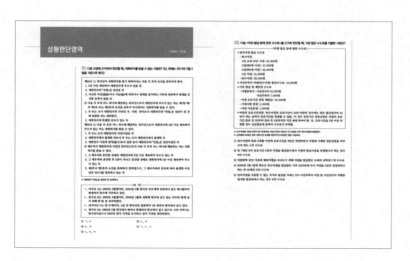

7급 PSAT 최신 출제 경향을 반영한 신작 모의고사 1회분을 시간에 맞춰 풀어보면서 자신의 실력을 점검하고 실전 감각을 키울 수 있습니다.

3 상세한 해설을 통한 반복 학습으로 문제를 완벽하게 정리한다!

첨삭식 해설

문제풀이의 사고 과정을 그대로 보여주는 첨삭식 해설과 정답 및 오답에 대한 상세한 해설을 통해 문제풀이법을 완벽하게 정리하고, 문제를 깊이 있게 이해할 수 있습니다.

선생님 TIP

빠른 문제 풀이를 위해 알아두면 좋을 내용이나 문제에 숨겨진 함정 등을 보조단에 수록하여, 꼼꼼한 학습이 가능합니다.

4 시험 직전 특별 부록으로 핵심 내용을 최종 점검한다!

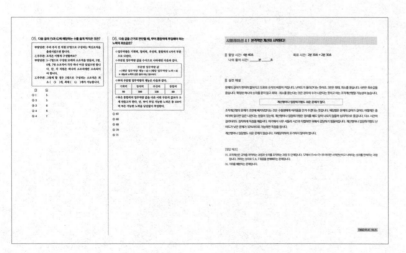

교재의 핵심 내용인 유형 분류 기준과 풀이 전략을 실전 상황에 적용해볼 수 있도록 시뮬레이션을 정리하였으며, 휴대하면서 수시로 꺼내어 보며 실전 감각을 깨우고 유형에 대한 반복 학습을 할 수 있습니다.

기간별 맞춤 학습플랜

자신에게 맞는 학습플랜을 선택하여 본 교재를 학습하세요.
더 효과적인 학습을 원한다면 해커스PSAT(psat.Hackers.com)에서 제공하는 동영상강의를 함께 수강해보세요.

2주 완성 학습플랜

 PSAT 상황판단을 학습한 경험이 있거나 대비 시간이 부족한 분에게 추천해요.

상황판단 기본기가 충분하여 문제 풀이 감각을 집중적으로 연습하기를 원하는 분이나 시간이 부족하여 단기간에 PSAT 상황판단을 대비해야 하는 분은 유형 분류 기준과 유형별 접근 전략을 간단히 학습한 후 유형별 문제풀이에 집중한다면 2주 안에 시험 준비를 마칠 수 있어요.

진도	1주				
날짜	___월 ___일	___월 ___일	___월 ___일	___월 ___일	___월 ___일
학습 내용	접근법	유형1	유형2	유형1~2 복습	유형3
진도	2주				
날짜	___월 ___일	___월 ___일	___월 ___일	___월 ___일	___월 ___일
학습 내용	유형4	유형3~4 복습	출제 예상 모의고사	출제 예상 모의고사 복습	특별 부록

4주 완성 학습플랜

 상황판단을 처음 접하는 분에게 추천해요.

상황판단 기본기가 부족하여 유형과 문제 접근법을 집중적으로 학습해야 하는 분은 유형 분류 기준과 유형별 접근 전략을 반복 학습한 후, 문제풀이를 하며 정리한다면 4주 안에 시험 준비를 마칠 수 있어요.

진도	1주				
날짜	__월 __일	__월 __일	__월 __일	__월 __일	__월 __일
학습 내용	접근법	유형1	유형1 복습	유형2	유형2 복습
진도	2주				
날짜	__월 __일	__월 __일	__월 __일	__월 __일	__월 __일
학습 내용	유형3	유형3 복습	유형4	유형4 복습	유형1~4 복습
진도	3주				
날짜	__월 __일	__월 __일	__월 __일	__월 __일	__월 __일
학습 내용	출제 예상 모의고사	출제 예상 모의고사 복습	특별 부록	특별 부록 복습	접근법 복습
진도	4주				
날짜	__월 __일	__월 __일	__월 __일	__월 __일	__월 __일
학습 내용	유형1~2 복습	유형3~4 복습	출제 예상 모의고사 복습	특별 부록 복습	전체 복습

7급 공채 및 PSAT 알아보기

7급 공채 알아보기

7급 공채란?

7급 공채는 인사혁신처에서 7급 행정 및 기술직에 대해 학력, 경력에 관계없이 공무원으로 임용되기를 원하는 불특정 다수인을 대상으로 실시하는 공개경쟁채용시험을 말합니다. 신규 7급 공무원 채용을 위한 균등한 기회 보장과 보다 우수한 인력의 공무원을 선발하는 데에 시험의 목적이 있습니다. 경력경쟁채용이나 지역인재채용과 달리 20세 이상의 연령이면 서 국가공무원법 제33조에서 정한 결격사유에 저촉되지 않는 한, 누구나 학력 제한이나 응시상한연령 없이 시험에 응시할 수 있습니다.

> · **경력경쟁채용**: 공개경쟁채용시험에 의하여 충원이 곤란한 분야에 대해 채용하는 제도로서 다양한 현장 경험과 전문성을 갖춘 민간전문가를 공직자로 선발한다.
> · **지역인재채용**: 자격요건을 갖춘 자를 학교별로 추천받아 채용하는 제도로서 일정 기간의 수습 근무를 마친 후 심사를 거쳐 공직자로 선발한다.

7급 공채 채용 프로세스

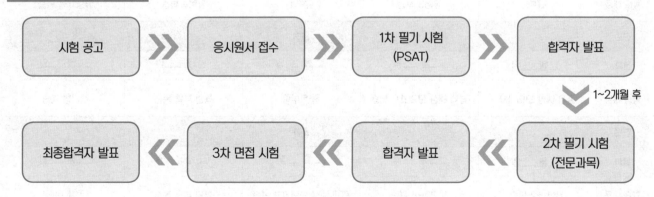

▌7급 공채 PSAT 알아보기

PSAT란?

PSAT(Public Service Aptitude Test, 공직적격성평가)는 특정 과목에 대한 전문 지식 보유 수준을 평가하는 대신, 공직자로서 지녀야 할 기본적인 자질과 능력 등을 종합적으로 평가하는 시험입니다. 이에 따라 PSAT는 이해력, 추론 및 분석능력, 문제해결능력 등을 평가하는 언어논리, 자료해석, 상황판단 세 가지 영역으로 구성됩니다.

시험 구성 및 평가 내용

과목	시험 구성	평가 내용
언어논리	25문항/60분	글의 이해, 표현, 추론, 비판과 논리적 사고력 등
자료해석	25문항/60분	표, 그래프, 보고서 형태로 제시된 수치 자료를 이해하고 계산하거나 자료 간의 연관성을 분석하여 정보를 도출하는 능력
상황판단	25문항/60분	제시문과 표를 이해하여 상황 및 조건에 적용하고, 판단과 의사결정을 통해 문제를 해결하는 능력

상황판단 고득점 가이드

▌출제 유형

상황판단은 제시된 글과 조건에 따라 문제의 상황을 판단하고 해결하는 능력을 평가하는 영역으로, 문제를 해결하는 사고 과정에 따라 매칭형, 따라계산형, 조작계산형, 입장하기형 네 가지 유형으로 나눌 수 있습니다. 이중 매칭형은 2021년 7급 PSAT에서 출제 비중이 높았고, 따라계산형과 조작계산형 역시 그 다음으로 높은 비중으로 출제되었습니다. 네 가지 유형 모두 제시된 글이나 조건을 이해하여 적용·판단하는 능력을 요구하므로 주어진 시간 내에 다양한 형태의 정보를 빠르고 정확하게 파악하는 능력이 필요합니다.

유형	유형 설명
매칭형	문제에 제시된 정보를 <보기>와 매칭하여 정답을 도출하는 유형
따라계산형	지문에 제시된 숫자 정보를 따라 사칙연산으로 계산하여 정답을 도출하는 유형
조작계산형	지문에 제시된 숫자 정보를 조작하여 최대, 최소, 또는 순서 등을 도출하는 유형
입장하기형	문제에 제시된 규칙에 따라 새로운 세계로 들어가 문제를 해결하는 유형

▌출제 경향 분석 & 대비 전략

출제 경향 분석

① 출제 유형

7급 공채 PSAT에 출제된 문제는 5급 공채와 민간경력자 PSAT에 출제되었던 유형과 거의 동일합니다. 다만, 7급 공채 PSAT에서는 최근 5급 공채 PSAT에서 출제 비중이 매우 낮아졌던 줄 글이 아예 출제되지 않았고, 법조문이 제시된 매칭형과 따라계산형 및 조작계산형이 높은 비중으로 출제되었습니다.

② 난이도

5급 공채 PSAT의 경우 한 문제 안에 여러 개의 장치·함정을 포함하고 있어 모든 장치·함정을 빠르게 해결해야 하는 데 반해, 7급 공채 PSAT의 경우 대부분 한 문제에 한 개의 장치·함정으로만 제시되어 5급 공채 PSAT보다는 민간경력자 PSAT와 유사한 난도로 평이했습니다.

③ 소재

실무와 관련된 소재가 1문제 출제된 것이 특징적이었고, 기존에 5급 공채와 민간경력자 PSAT에 출제되었던 소재와 동일하게 몰아주기, 이동 규칙, 간격 개수 등이 출제되었습니다.

대비 전략

① 상황판단의 문제 유형을 파악하고, 유형에 따른 풀이법을 학습해야 합니다.

상황판단 영역은 다양한 유형으로 구분되어 있고, 유형에 따라 효과적인 풀이법이 있습니다. 그렇기 때문에 유형에 따른 풀이법을 정확히 파악하고 준비하는 것이 중요합니다. 이에 따라 기출문제를 반복적으로 풀면서 정확하게 유형을 분석하는 능력을 기르고, 빠르고 정확하게 문제를 풀이하는 연습이 필요합니다.

② 문제풀이에 필요한 정보를 정확하게 파악하는 능력을 길러야 합니다.

상황판단은 다양한 조건과 상황 등이 제시되므로 문제를 해결하기 위해 필요한 정보를 정확하게 파악하는 것이 중요합니다. 따라서 키워드를 중심으로 제시된 정보를 시각화·도표화하여 정리하거나, 관련 있는 조건끼리 묶어 그룹화하는 연습이 필요합니다.

③ 문제 풀이의 순서를 결정하는 판단력을 길러야 합니다.

상황판단은 PSAT 세 영역 중 특히 문제풀이에 시간이 부족한 경우가 많습니다. 한 문제를 풀이 하는 데 너무 오랜 시간이 소요된다면 다른 문제를 놓칠 가능성이 높으므로 문제의 난이도를 판별하여 풀 수 있는 문제부터 먼저 풀어야 합니다.

해커스 7급 PSAT 이준 상황판단 4주 완성

상황판단 접근법

유형분류기준

대표 기출문제

유형분류기준

01 겉보기 분류와 그 한계

일반적으로 상황판단 문제의 유형을 분류할 때 텍스트형, 법조문형, 계산형, 퀴즈형으로 분류합니다. 이러한 분류는 처음 문제풀이를 연습할 때 매우 유용하며, 이에 따라 공부하는 것 역시 당연합니다.

문제는 이러한 분류가 평상시에 공부하고 연습하는 데는 도움이 되지만 시험장에 가서는 방법론을 적용하기가 어렵다는 겁니다. 아마도 그 이유는 위의 분류가 문제의 외관, 즉 첫인상으로 다가오는 형태를 기준으로 했기 때문입니다. 하지만 실제로 문제를 풀다보면 해결과정은 겉모습과는 다르게 진행될 때가 많습니다.

유형이 고정되어 있어서 시험장에서 문제를 보자마자 그 유형에 따라 맞춰 풀어갈 수만 있다면 얼마나 좋을까요? 하지만 막상 시험장에서는 미처 유형을 파악할 겨를도 없이 정신없이 풀이에 들어가는 것이 현실입니다.

이러한 폐단을 극복하기 위해 본 교재는 새로운 유형 분류를 제시하고자 합니다. 이제 다음 두 문제를 풀고 비교해 봅시다. 왜 새로운 분류를 시도하는지 고민하려는 것이므로 '아, 이거 풀어봤던 문제야.', '이건 무슨 유형이었어.', '정답은 몇 번이었어.'라는 기억을 버리고 참신한 마음으로 다시 살펴봅시다. 정답을 맞히는 데에만 몰입하면 차분하게 문제를 느낄 기회가 없습니다. 정답만 외우게 되죠. 문제를 보자마자 어떤 느낌을 받는지 생각해봅시다. 마치 시험장에서 방금 새로 맞닥뜨린 것처럼요.

다음 글을 근거로 판단할 때, ㉠과 ㉡에 들어갈 수를 옳게 짝지은 것은?　　20 7급모의

올림픽은 원칙적으로 4년에 한 번씩 개최되는 세계 최대 규모의 스포츠 대회이다. 제1회 하계 올림픽은 1896년 그리스 아테네에서, 제1회 동계 올림픽은 1924년 프랑스 샤모니에서 개최되었다. 그런데 두 대회의 차수(次數)를 계산하는 방식은 서로 다르다.

올림픽 사이의 기간인 4년을 올림피아드(Olympiad)라 부르는데, 하계 올림픽의 차수는 올림피아드를 기준으로 계산한다. 이전 대회부터 하나의 올림피아드만큼 시간이 흐르면 올림픽 대회 차수가 하나씩 올라가게 된다. 대회가 개최되지 못해도 올림피아드가 사라지는 것은 아니기 때문에 대회 차수에는 영향을 미치지 않는다. 실제로 하계 올림픽은 제1·2차 세계대전으로 세 차례(1916년, 1940년, 1944년) 개최되지 못하였는데, 1912년 제5회 스톡홀름 올림픽 다음으로 1920년에 벨기에 안트베르펜에서 개최된 올림픽은 제7회 대회였다. 마찬가지로 1936년 제11회 베를린 올림픽 다음으로 개최된 1948년 런던 올림픽은 제(㉠)회 대회였다. 반면에 동계 올림픽의 차수는 실제로 열린 대회만으로 정해진다. 동계 올림픽은 제2차 세계대전으로 두 차례(1940년, 1944년) 열리지 못하였는데, 1936년 제4회 동계 올림픽 다음 대회인 1948년 동계 올림픽은 제5회 대회였다. 이후 2020년 전까지 올림픽이 개최되지 않은 적은 없다.

1992년까지 동계·하계 올림픽은 같은 해 치러졌으나 그 이후로는 IOC 결정에 따라 분리되어 2년 격차로 개최되었다. 1994년 노르웨이 릴레함메르에서 열린 동계 올림픽 대회는 이 결정에 따라 처음으로 하계 올림픽에 2년 앞서 치러진 대회였다. 이를 기점으로 동계 올림픽은 지금까지 4년 주기로 빠짐없이 개최되고 있다.

대한민국은 1948년 런던 하계 올림픽에 처음 출전하여, 1976년 제21회 몬트리올 하계 올림픽과 1992년 제(㉡)회 알베르빌 동계 올림픽에서 각각 최초로 금메달을 획득하였다.

	㉠	㉡
①	12	16
②	12	21
③	14	16
④	14	19
⑤	14	21

정답 ③

시험지를 펴자마자 이 문제를 보게 되면 '아 지문 길다.', '글자가 많네.', '글도 길고 시간이 많이 걸리겠는걸. 서둘러 읽어주자.'라고 판단할 겁니다. 단서가 워낙 긴 글 속에 숨어있으므로 단서를 찾아 펜으로 열심히 밑줄을 치며 속도전을 벌이겠죠. 내용을 외워야 할지 중간중간 정리를 해야 할지 갈등하며 읽습니다.

다음 글을 근거로 판단할 때, 7월 1일부터 6일까지 지역 농산물 유통센터에서 판매된 甲의 수박 총 판매액은? 21 민경채

○ A시는 농산물의 판매를 촉진하기 위하여 지역 농산물 유통센터를 운영하고 있다. 해당 유통센터는 농산물을 수확 당일 모두 판매하는 것을 목표로 운영하며, 당일 판매하지 못한 농산물은 판매가에서 20%를 할인하여 다음 날 판매한다.

○ 농부 甲은 7월 1일부터 5일까지 매일 수확한 수박 100개씩을 수확 당일 A시 지역 농산물 유통센터에 공급하였다.

○ 甲으로부터 공급받은 수박의 당일 판매가는 개당 1만 원이며, 매일 판매된 수박 개수는 아래와 같았다. 단, 수확 당일 판매되지 않은 수박은 다음 날 모두 판매되었다.

날짜(일)	1	2	3	4	5	6
판매된 수박(개)	80	100	110	100	100	10

① 482만 원

② 484만 원

③ 486만 원

④ 488만 원

⑤ 490만 원

정답 ③

시험지를 펴자마자 이 문제를 접하면 당연히 도표부터 눈에 들어옵니다. 보통 도표가 보이면 중압감을 느낍니다. 앞선 문제가 글이 길어서 막연한 반면에 이 문제처럼 도표가 나오면 읽을 텍스트의 양은 줄어들지만 대신 제시된 단서를 통해 출제자의 의도를 파악하는 데 더 주력하게 되죠. 즉, 지문에 텍스트가 많으면 단서가 보이지를 않아 막연함에 마음이 급해지고, 지문에 텍스트가 적고 도표가 나오면 짧은 지문에서 숨어있는 함정과 단서에 부담이 커집니다.

그러면 이제 이 문제는 그대로 두고 앞선 문제의 형태를 바꿔 살펴보겠습니다.

다음 글을 근거로 판단할 때, ⊙과 ⓒ에 들어갈 수를 옳게 짝지은 것은?　　　20 7급모의 변형

○ 올림픽은 원칙적으로 4년에 한 번 개최되는데 올림픽 사이의 기간인 4년을 올림피아드(Olympiad)라 부른다. 하계 올림픽과 동계 올림픽의 차수(次數)는 계산 방식이 다르다.

○ 하계 올림픽은 대회가 개최되지 못해도 올림피아드가 사라지지 않으며 차수에 영향을 미치지 않는다. 하계 올림픽은 1916년, 1940년, 1944년 개최되지 못했는데 1912년부터 1920년까지는 아래와 같았다.

	1912년 스톡홀름	1916년	1920년 안트베르펜
하계올림픽	5회	−	7회

○ 동계 올림픽의 차수는 실제로 열린 대회만으로 정해진다. 동계 올림픽은 1940년, 1944년 열리지 못하였는데 1936부터 1948년까지는 아래와 같다. 이후 2020년 전까지 올림픽이 개최되지 않은 적은 없다.

	1936년	1940년	1944년	1948년
동계올림픽	4회	−	−	5회

○ 1992년까지 동계·하계 올림픽은 같은 해 치러졌으나 이후 분리되어 2년 격차로 개최되었다. 1994년 릴레함메르에서 열린 동계 올림픽 대회는 처음으로 하계 올림픽에 2년 앞서 치러진 대회였다. 이를 기점으로 동계 올림픽은 지금까지 4년 주기로 빠짐없이 개최되고 있다.

──────────〈상 황〉──────────

제1회 하계 올림픽은 1896년 그리스 아테네에서, 제1회 동계 올림픽은 1924년 프랑스 샤모니에서 개최되었다. 1936년 제11회 베를린 올림픽 다음으로 개최된 1948년 런던 올림픽은 제(⊙)회 대회이고, 1992년 알베르빌 동계 올림픽은 제(ⓒ)회이다.

	⊙	ⓒ
①	12	16
②	12	21
③	14	16
④	14	19
⑤	14	21

정답 ③

이렇게 바꿔봤습니다. 어떤가요? 이제 바로 앞의 문제와 비슷한 유형으로 보이시나요? 지문의 텍스트 수는 줄이고 도표화해서 단서를 제공하고 〈상황〉을 추가했습니다.

겉보기를 기준으로 유형을 분류하는 공부가 실제 시험장에서 방법론으로 바로 사용하기 어려운 이유가 여기에 있습니다. 결국은 동일한 문제인데 모양만 바꾼다고 풀이 방법이 달라질 수는 없으니까요.

시험장에서 문제의 외형만으로 문제를 바라보면 오히려 편견에 빠져서 시행착오를 겪기 쉽습니다. 시험장에서 '어랏! 이 방법으로 풀리는 문제가 아니네.'라며 혼란을 겪지 않으려면 우리는 문제를 새로운 시각으로 바라볼 필요가 있습니다. 긴 텍스트형으로 나오더라도 퀴즈 문제일 수도 있고, 계산형 문제인 것 같지만 단서만 잡아내면 계산할 필요 없이 답이 나오기도 합니다.

물론 문제의 겉보기를 기준으로 분류해서 공부하는 게 도움이 되지 않는다는 의미는 아닙니다. 이미 그러한 공부는 많이 접해보았을 테니 새로운 관점으로 문제를 바라보고 시험장에서 적용가능한 또다른 연습을 해보자는 의미입니다.

겉보기 분류는 눈에 보이는 모습으로 형태에 따라 분류한 것이지만 실질적 분류는 문제를 풀 때 우리의 두뇌에서 이루어지는 사고작용으로 분류한 것입니다. 따라서 실질적 분류는 문제를 보자마자 무슨 유형인지를 알기 어렵지만 문제를 푸는 초반의 10~15초 사이에 머릿속에서 형성되는 스스로의 사고를 통해 분류가 이루어집니다. 따라서 시험장에서 기민하게 풀이에 임할 수 있습니다.

본 교재에서는 상황판단 문제의 유형을 다음과 같이 분류합니다.

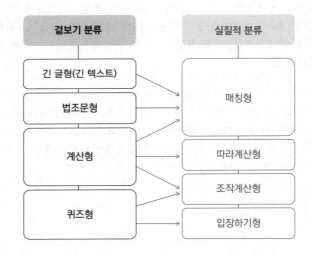

1. 매칭형
긴 글이든 법조문이든 매칭으로 해결 가능하므로 모두 매칭형입니다. 겉보기에 계산형이더라도 실제로 직접 계산을 하지 않아도 매칭으로 해결 가능하면 매칭형으로 분류하였습니다.

2. 계산형
숫자를 다루는 문제들입니다. 단순하게 따라가면서 사칙연산으로 정답이 나오는 유형은 '따라계산형', 적극적으로 숫자를 조작해 주어야 정답이 나오는 유형은 '조작계산형'입니다. 겉보기에는 긴 글이나 법조문이더라도 해결의 초점이 계산에 있다면 계산형으로 분류합니다.

조작계산형은 일반적으로 퀴즈로 분류하는 경우가 많습니다. 원칙을 제시하여 적용하게 한다거나 경우의 수가 나와서 꿰어 맞추는 스타일이더라도 숫자를 다루는 것이 주된 사고작용이라면 계산형으로 분류하였습니다.

3. 입장하기형

입장하기형은 매우 좁은 의미의 퀴즈입니다. 일상적인 조건이 아니라 변형된 규칙입니다. 예를 들어 동일한 시간 문제라도 우리의 통념에 입각한 일상적인 시간 개념을 다루면 계산형이지만, 전혀 다른 가상의 세계를 설정하여 출제한다면 좁은 의미의 퀴즈, 즉 입장하기형으로 분류하였습니다.

본 교재에서 제시한 새로운 용어와 분류가 익숙하지 않을 수도 있습니다. 우선 대표적인 문제 7문항을 풀어보고 차근차근 설명을 드리겠습니다.

이번 7문항 역시 득점에 연연해하지 말고 풀어보시기 바랍니다. 문제를 풀고난 직후 조금 전에 문제를 푸는 동안 내 머릿속에서 어떤 사고과정이 일어났었는지를 돌아보려고 합니다. '나는 이 문제를 풀면서 도대체 어디에 초점을 두었고 어떤 사고과정을 겪었던 걸까?'를 같이 얘기해봅시다.

7문항이니 초심자는 18분, 공부를 꽤 한 분들이라면 봤던 문제들도 있을테니 12분으로 알람을 설정하시기 바랍니다. 다 풀고 나면 장을 바꾸어 본격적으로 함께 연구해가도록 하겠습니다.

01. 다음 글에 근거할 때, 옳게 추론한 것을 <보기>에서 모두 고르면?　　　　12 5급공채

> 클래식 음악에는 보통 'Op.'로 시작하는 작품번호가 붙는다. 이는 '작품'을 의미하는 라틴어 Opus의 약자에서 비롯되었다. 한편 몇몇 작곡가들의 작품에는 다른 약자로 시작하는 작품번호가 붙기도 한다. 예를 들면 하이든의 작품에는 통상적으로 'Hob.'로 시작하는 작품번호가 붙는다. 이는 네덜란드의 안토니 판 호보켄이 1957년과 1971년 하이든의 음악을 정리하여 낸 두 권의 카탈로그에서 유래한 것이다.
> 　'RV.'는 Ryom-Verzeichnis(리옹번호를 뜻하는 독일어)의 약자이다. 이는 1977년 프랑스의 피터 리옹이 비발디의 방대한 작품들을 번호순으로 정리하여 출판한 목록에서 비롯되었다. 비발디의 작품에 대해서는 그 전에도 마르크 핀케를(P.)이나 안토니오 파나(F.)에 의한 번호목록이 출판되었으나, 리옹의 작품번호가 가장 포괄적이며 많이 쓰인다.
> 　바흐 역시 작품마다 고유의 작품번호가 붙어 있는데 이것은 바흐의 작품을 구분하여 정리한 볼프강 슈미더에 의한 것이다. 'BWV'는 Bach-Werke-Verzeichnis(바흐의 작품번호를 뜻하는 독일어)의 첫 글자를 따온 것으로, 정리한 순서대로 아라비아 숫자가 붙어서 바흐의 작품번호가 되었다. 'BWV'는 총 1,080개의 바흐의 작품에 붙어 있다.
> 　모차르트의 작품에 가장 빈번히 사용되는 'K.'는 오스트리아의 모차르트 연구가 루드비히 폰 쾨헬의 이니셜을 딴 것이다. 그는 총 626곡의 모차르트 작품에 번호를 매겼다. 'K.'는 종종 '쾨헬번호'라는 의미의 Köchel-Verzeichnis의 약자인 'KV.'로 표기되기도 한다.
> 　'D.'로 시작하는 작품번호는 슈베르트에 관한 권위자인 오토 에리히 도이치의 이름을 따서 붙여진 것이다. 오스트리아의 음악 문헌학자이며 전기작가인 도이치는 연대순으로 총 998개의 슈베르트 작품에 번호를 매겼다.

――――――〈보 기〉――――――
ㄱ. 작품번호만 보아도 누구의 곡인지 알 수 있는 경우가 있다.
ㄴ. 비발디의 작품번호를 최초로 정리하여 출판한 사람은 피터 리옹이다.
ㄷ. 몇몇 작곡가들의 작품번호는 작품들을 정리한 사람 이름의 이니셜을 사용하기도 한다.
ㄹ. BWV293과 D.759라는 작품이 있다면 그것은 각각 바흐와 슈베르트의 작품일 것이다.

① ㄱ, ㄴ
② ㄱ, ㄹ
③ ㄴ, ㄷ
④ ㄱ, ㄷ, ㄹ
⑤ ㄴ, ㄷ, ㄹ

가이드&정답 p.34

다음 글을 근거로 판단할 때, <보기>에서 옳은 것만을 모두 고르면?

제00조 ① 민사에 관한 분쟁의 당사자는 법원에 조정을 신청할 수 있다.
② 조정을 신청하는 당사자를 신청인이라고 하고, 그 상대방을 피신청인이라고 한다.
제00조 ① 신청인은 다음 각 호의 어느 하나에 해당하는 곳을 관할하는 지방법원에 조정을 신청해야 한다.
 1. 피신청인의 주소지, 피신청인의 사무소 또는 영업소 소재지, 피신청인의 근무지
 2. 분쟁의 목적물 소재지, 손해 발생지
② 조정사건은 조정담당판사가 처리한다.
제00조 ① 조정담당판사는 사건이 그 성질상 조정을 하기에 적당하지 아니하다고 인정하거나 신청인이 부당한 목적으로 조정신청을 한 것임을 인정하는 경우에는 조정을 하지 아니하는 결정으로 사건을 종결시킬 수 있다. 신청인은 이 결정에 대해서 불복할 수 없다.
② 조정담당판사는 신청인과 피신청인 사이에 합의가 성립되지 아니한 경우 조정 불성립으로 사건을 종결시킬 수 있다.
③ 조정담당판사는 신청인과 피신청인 사이에 합의된 사항이 조정조서에 기재되면 조정 성립으로 사건을 종결시킨다. 조정조서는 판결과 동일한 효력이 있다.
제00조 다음 각 호의 어느 하나에 해당하는 경우에는 조정신청을 한 때에 민사소송이 제기된 것으로 본다.
 1. 조정을 하지 아니하는 결정이 있는 경우
 2. 조정 불성립으로 사건이 종결된 경우

─────〈보 기〉─────
ㄱ. 신청인은 피신청인의 근무지를 관할하는 지방법원에 조정을 신청할 수 있다.
ㄴ. 조정을 하지 아니하는 결정을 조정담당판사가 한 경우, 신청인은 이에 대해 불복할 수 있다.
ㄷ. 신청인과 피신청인 사이에 합의된 사항이 기재된 조정조서는 판결과 동일한 효력을 갖는다.
ㄹ. 조정 불성립으로 사건이 종결된 경우, 사건이 종결된 때를 민사소송이 제기된 시점으로 본다.
ㅁ. 조정담당판사는 신청인이 부당한 목적으로 조정신청을 한 것으로 인정하는 경우, 조정 불성립으로 사건을 종결시킬 수 있다.

① ㄱ, ㄷ
② ㄴ, ㄹ
③ ㄱ, ㄷ, ㄹ
④ ㄱ, ㄷ, ㅁ
⑤ ㄴ, ㄹ, ㅁ

가이드&정답 p.36

제00조 ① 문화재청장은 학술조사 또는 공공목적 등에 필요한 경우 다음 각 호의 지역을 발굴할 수 있다.

1. 고도(古都)지역
2. 수중문화재 분포지역
3. 폐사지(廢寺址) 등 역사적 가치가 높은 지역

② 문화재청장은 제1항에 따라 발굴할 경우 발굴의 목적, 방법, 착수 시기 및 소요 기간 등의 내용을 발굴 착수일 2주일 전까지 해당 지역의 소유자, 관리자 또는 점유자(이하 '소유자 등'이라 한다)에게 미리 알려 주어야 한다.

③ 제2항에 따른 통보를 받은 소유자 등은 그 발굴에 대하여 문화재청장에게 의견을 제출할 수 있으며, 발굴을 거부하거나 방해 또는 기피하여서는 아니 된다.

④ 문화재청장은 제1항의 발굴이 완료된 경우에는 완료된 날부터 30일 이내에 출토유물 현황 등 발굴의 결과를 소유자 등에게 알려 주어야 한다.

⑤ 국가는 제1항에 따른 발굴로 손실을 받은 자에게 그 손실을 보상하여야 한다.

⑥ 제5항에 따른 손실보상에 관하여는 문화재청장과 손실을 받은 자가 협의하여야 하며, 보상금에 대한 합의가 성립하지 않은 때에는 관할 토지수용위원회에 재결(裁決)을 신청할 수 있다.

⑦ 문화재청장은 제1항에 따른 발굴 현장에 발굴의 목적, 조사기관, 소요 기간 등의 내용을 알리는 안내판을 설치하여야 한다.

─────〈상 황〉─────

문화재청장 甲은 고도(古都)에 해당하는 A지역에 대한 학술조사를 위해 2021년 3월 15일부터 A지역의 발굴에 착수하고자 한다. 乙은 자기 소유의 A지역을 丙에게 임대하여 현재 임차인 丙이 이를 점유·사용하고 있다.

① 甲은 A지역 발굴의 목적, 방법, 착수 시기 및 소요 기간 등에 관한 내용을 丙에게 2021년 3월 29일까지 알려주어야 한다.

② A지역의 발굴에 대한 통보를 받은 丙은 甲에게 그 발굴에 대한 의견을 제출할 수 있다.

③ 乙은 발굴 현장에 발굴의 목적 등을 알리는 안내판을 설치하여야 한다.

④ A지역의 발굴로 인해 乙에게 손실이 예상되는 경우, 乙은 그 발굴을 거부할 수 있다.

⑤ A지역과 인접한 토지 소유자인 丁이 A지역의 발굴로 인해 손실을 받은 경우, 丁은 보상금에 대해 甲과 협의하지 않고 관할 토지수용위원회에 재결을 신청할 수 있다.

가이드&정답 p.38

다음 글과 <상황>을 근거로 판단할 때 옳은 것은?

제00조(포상금의 지급) 국세청장은 체납자의 은닉재산을 신고한 자에게 그 신고를 통하여 징수한 금액에 다음 표의 지급률을 적용하여 계산한 금액을 포상금으로 지급할 수 있다. 다만 포상금이 20억 원을 초과하는 경우, 그 초과하는 부분은 지급하지 아니한다.

징수금액	지급률
2,000만 원 이상 2억 원 이하	100분의 15
2억 원 초과 5억 원 이하	3,000만 원+2억 원 초과 금액의 100분의 10
5억 원 초과	6,000만 원+5억 원 초과 금액의 100분의 5

제00조(고액·상습체납자 등의 명단 공개) 국세청장은 체납발생일부터 1년이 지난 국세가 5억 원 이상인 체납자의 인적사항, 체납액 등을 공개할 수 있다. 다만 체납된 국세가 이의신청·심사청구 등 불복청구 중에 있거나 그 밖에 대통령령으로 정하는 사유가 있는 경우에는 그러하지 아니하다.

제00조(관허사업의 제한) ① 세무서장은 납세자가 국세를 체납하였을 때에는 허가·인가·면허 및 등록과 그 갱신(이하 '허가 등'이라 한다)이 필요한 사업의 주무관서에 그 납세자에 대하여 그 허가 등을 하지 아니할 것을 요구할 수 있다.

② 세무서장은 허가 등을 받아 사업을 경영하는 자가 국세를 3회 이상 체납한 경우로서 그 체납액이 500만 원 이상일 때에는 그 주무관서에 사업의 정지 또는 허가 등의 취소를 요구할 수 있다.

③ 제1항 또는 제2항에 따른 세무서장의 요구가 있을 때에는 해당 주무관서는 정당한 사유가 없으면 요구에 따라야 하며, 그 조치결과를 즉시 해당 세무서장에게 알려야 한다.

제00조(출국금지 요청 등) 국세청장은 정당한 사유 없이 5,000만 원 이상 국세를 체납한 자에 대하여 법무부장관에게 출국금지를 요청하여야 한다.

〈상 황〉

○ 甲은 허가를 받아 사업을 경영하고 있음

○ 甲은 법령에서 정한 정당한 사유 없이 국세 1억 원을 1회 체납하여 법령에 따라 2012. 12. 12. 체납액이 징수되었음

○ 甲은 국세인 소득세(납부기한: 2013. 5. 31.) 2억 원을 법령에서 정한 정당한 사유 없이 2015. 2. 7. 현재까지 체납하고 있음

○ 甲은 체납국세와 관련하여 불복청구 중이거나 행정소송이 계류 중인 상태가 아니며, 징수유예나 체납처분유예를 받은 사실이 없음

---

① 국세청장은 甲의 인적사항, 체납액 등을 공개할 수 있다.

② 세무서장은 법무부장관에게 甲의 출국금지를 요청하여야 한다.

③ 국세청장은 甲에 대하여 허가의 갱신을 하지 아니할 것을 해당 주무관서에 요구할 수 있다.

④ 2014. 12. 12. 乙이 甲의 은닉재산을 신고하여 국세청장이 甲의 체납액을 전액 징수할 경우, 乙은 포상금으로 3,000만 원을 받을 수 있다.

⑤ 세무서장이 甲에 대한 사업허가의 취소를 해당 주무관서에 요구하면 그 주무관서는 요구에 따라야 하고, 그 조치결과를 즉시 해당 세무서장에게 알려야 한다.

가이드&정답 p.54

21 7급공채

───〈A기관 특허대리인 보수 지급 기준〉───

○ A기관은 특허출원을 특허대리인(이하 '대리인')에게 의뢰하고, 이에 따라 특허출원 건을 수임한 대리인에게 보수를 지급한다.

○ 보수는 착수금과 사례금의 합이다.

○ 착수금은 대리인이 작성한 출원서의 내용에 따라 〈착수금 산정 기준〉의 세부항목을 합산하여 산정한다. 단, 세부항목을 합산한 금액이 140만 원을 초과할 경우 착수금은 140만 원으로 한다.

〈착수금 산정 기준〉

세부항목	금액(원)
기본료	1,200,000
독립항 1개 초과분(1개당)	100,000
종속항(1개당)	35,000
명세서 20면 초과분(1면당)	9,000
도면(1도당)	15,000

※ 독립항 1개 또는 명세서 20면 이하는 해당 항목에 대한 착수금을 산정하지 않는다.

○ 사례금은 출원한 특허가 '등록결정'된 경우 착수금과 동일한 금액으로 지급하고, '거절결정'된 경우 0원으로 한다.

───〈상 황〉───

○ 특허대리인 甲과 乙은 A기관이 의뢰한 특허출원을 각각 1건씩 수임하였다.

○ 甲은 독립항 1개, 종속항 2개, 명세서 14면, 도면 3도로 출원서를 작성하여 특허를 출원하였고, '등록결정'되었다.

○ 乙은 독립항 5개, 종속항 16개, 명세서 50면, 도면 12도로 출원서를 작성하여 특허를 출원하였고, '거절결정'되었다.

① 2만 원

② 8만 5천 원

③ 123만 원

④ 129만 5천 원

⑤ 259만 원

가이드&정답 p.56

06. <여성권익사업 보조금 지급 기준>과 <여성폭력피해자 보호시설 현황>을 근거로 판단할 때, 지급받을 수 있는 보조금의 총액이 큰 시설부터 작은 시설 순으로 바르게 나열된 것은? (단, 4개 보호시설의 종사자에는 각 1명의 시설장(長)이 포함되어 있다) 　　　15 5급공채

〈여성권익사업 보조금 지급 기준〉

1. 여성폭력피해자 보호시설 운영비
   ○ 종사자 1~2인 시설: 240백만 원
   ○ 종사자 3~4인 시설: 320백만 원
   ○ 종사자 5인 이상 시설: 400백만 원
   ※ 단, 평가등급이 1등급인 보호시설에는 해당 지급액의 100%를 지급하지만, 2등급인 보호시설에는 80%, 3등급인 보호시설에는 60%를 지급한다.

2. 여성폭력피해자 보호시설 사업비
   ○ 종사자 1~3인 시설: 60백만 원
   ○ 종사자 4인 이상 시설: 80백만 원

3. 여성폭력피해자 보호시설 종사자 장려수당
   ○ 종사자 1인당 50백만 원
   ※ 단, 종사자가 5인 이상인 보호시설의 경우 시설장에게는 장려수당을 지급하지 않는다.

4. 여성폭력피해자 보호시설 입소자 간식비
   ○ 입소자 1인당 1백만 원

〈여성폭력피해자 보호시설 현황〉

보호시설	종사자 수(인)	입소자 수(인)	평가등급
A	4	7	1
B	2	8	1
C	4	10	2
D	5	12	3

① A－C－D－B
② A－D－C－B
③ C－A－B－D
④ D－A－C－B
⑤ D－C－A－B

가이드＆정답 p.72

07. 다음 글을 근거로 판단할 때, <그림 2>의 정육면체 아랫면에 쓰인 36개 숫자의 합은?

18 민경채

정육면체인 하얀 블록 5개와 검은 블록 1개를 일렬로 붙인 막대를 30개 만든다. 각 막대의 윗면에는 가장 위에 있는 블록부터, 아랫면에는 가장 아래에 있는 블록부터 세어 검은 블록이 몇 번째 블록인지를 나타내는 숫자를 쓴다. 이런 규칙에 따르면 〈그림 1〉의 예에서는 윗면에 2를, 아랫면에 5를 쓰게 된다.

다음으로 검은 블록 없이 하얀 블록 6개를 일렬로 붙인 막대를 6개 만든다. 검은 블록이 없으므로 윗면과 아랫면 모두에 0을 쓴다.

이렇게 만든 36개의 막대를 붙여 〈그림 2〉와 같은 큰 정육면체를 만들었더니, 윗면에 쓰인 36개 숫자의 합이 109였다.

〈그림 1〉   〈그림 2〉

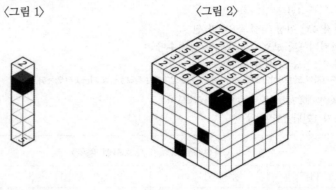

① 97

② 100

③ 101

④ 103

⑤ 104

가이드&정답 p.74

08. 다음 글을 근거로 판단할 때, 마지막에 송편을 먹었다면 그 직전에 먹은 떡은?   21 7급공채

원 쟁반의 둘레를 따라 쑥떡, 인절미, 송편, 무지개떡, 팥떡, 호박떡이 순서대로 한 개씩 시계방향으로 놓여 있다. 이 떡을 먹는 순서는 다음과 같은 규칙에 따른다. 특정한 떡을 시작점 (첫 번째)으로 하여 시계방향으로 떡을 세다가 여섯 번째에 해당하는 떡을 먹는다. 떡을 먹고 나면 시계방향으로 이어지는 바로 다음 떡이 새로운 시작점이 된다. 이 과정을 반복하여 떡 이 한 개 남게 되면 마지막으로 그 떡을 먹는다.

① 무지개떡

② 쑥떡

③ 인절미

④ 팥떡

⑤ 호박떡

가이드&정답 p.92

해커스 7급 PSAT 이준 상황판단 4주 완성

공무원 최단기 합격 1위, **해커스공무원 gosi.Hackers.com**
공무원 PSAT 최단기 합격, **해커스PSAT psat.Hackers.com**

유형 1

매칭형

유형분석

유형공략문제

유형분석 / 매칭형

01 유형 소개

이제부터 겉보기가 어떤 모습이든 매칭으로 해결되는 문제를 살펴보겠습니다.

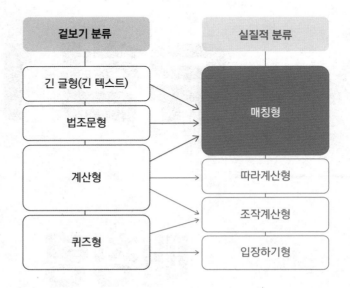

'**매칭형**'이란 지문에 제시된 정보를 선택지 또는 〈보기〉와 매칭하여 정답을 도출하는 유형입니다.

매칭형은 겉보기에 따라 분류하면 보통 텍스트형과 법조문형으로 나눕니다. 사실 텍스트형이라는 표현보다는 긴 텍스트형이라 표현하는 것이 맞겠죠. 엄밀히 말하면 법조문도 텍스트이고 퀴즈도 다 텍스트니까요.

주로 매칭이라는 사고작용은 긴 텍스트형과 법조문형에 적용됩니다. 하지만 숫자가 제시되거나 규칙이 제시되는 문제도 의외로 매칭 작업만으로 답이 나오는 경우가 많습니다. 앞에서 풀었던 대표 기출문제 1~3번을 살펴봅시다.

02 접근 방법

대표 기출문제(p.22) 1번과 2번을 풀어보니 어땠나요? 두 문제를 푸는 방식에 차이가 있었나요? 겉보기 분류에 따르면 1번은 긴 텍스트형이고 2번은 법조문형으로 유형이 다르지만, 머릿속에서 일어나는 사고 작용과 그에 따른 풀이 방식은 거의 비슷하지 않았나요?

매칭은 지문과 보기, 지문과 선택지를 연결하는 작업입니다. 이때 지문 내에서도 글이나 조문의 흐름에 따라 매칭을 시켜줘야 읽기가 편합니다.

또한 매칭은 암기작용이 아닙니다. 문장을 이해하고 암기해서 키워드를 정확히 찾아내고 매칭을 하는 것이 아니라 '보기의 ㄱ은 지문 이쯤 어딘가에 위치하고 있었어.' 라는 '위치의 매칭' 정도면 충분합니다.

암기력과 센스의 적절한 조화가 요구되는 유형입니다. 지나치게 외우려 들지도 말고, 지나치게 내용을 찾아 헤매지도 않아야 합니다.

수험생의 가장 큰 목적은 시간 단축입니다. 따라서 이 책이 제시하는 매칭의 개념은 시간 단축에 도움이 되는 단순한 작업을 말합니다. 짧은 시간에 쏟아지는 정보를 미처 정리하기 어려운 상황에서 정확히 이해하고 연결짓는 것은 시간이 너무 소요되기 때문입니다.

✔ 핵심 체크

· 긴 텍스트든 법조문이든 매칭이다!
· 위치의 매칭이다!

가이드에 따라 대표 기출문제(p.22) 01~03 문제를 풀이해 봅시다.

01. 다음 글에 근거할 때, 옳게 추론한 것을 <보기>에서 모두 고르면?   12 5급공채

클래식 음악에는 보통 'Op.'로 시작하는 작품번호가 붙는다. 이는 '작품'을 의미하는 라틴어 Opus의 약자에서 비롯되었다. 한편 몇몇 작곡가들의 작품에는 다른 약자로 시작하는 작품번호가 붙기도 한다. 예를 들면 하이든의 작품에는 통상적으로 'Hob.'로 시작하는 작품번호가 붙는다. 이는 네덜란드의 안토니 판 호보켄이 1957년과 1971년 하이든의 음악을 정리하여 낸 두 권의 카탈로그에서 유래한 것이다.

'RV.'는 Ryom-Verzeichnis(리옹번호를 뜻하는 독일어)의 약자이다. 이는 1977년 프랑스의 피터 리옹이 비발디의 방대한 작품들을 번호순으로 정리하여 출판한 목록에서 비롯되었다. 비발디의 작품에 대해서는 그 전에도 마르크 핀케를(P.)이나 안토니오 파나(F.)에 의한 번호목록이 출판되었으나, 리옹의 작품번호가 가장 포괄적이며 많이 쓰인다.

바흐 역시 작품마다 고유의 작품번호가 붙어 있는데 이것은 바흐의 작품을 구분하여 정리한 볼프강 슈미더에 의한 것이다. 'BWV'는 Bach-Werke-Verzeichnis(바흐의 작품번호를 뜻하는 독일어)의 첫 글자를 따온 것으로, 정리한 순서대로 아라비아 숫자가 붙어서 바흐의 작품번호가 되었다. 'BWV'는 총 1,080개의 바흐의 작품에 붙어 있다.

모차르트의 작품에 가장 빈번히 사용되는 'K.'는 오스트리아의 모차르트 연구가 루드비히 폰 쾨헬의 이니셜을 딴 것이다. 그는 총 626곡의 모차르트 작품에 번호를 매겼다. 'K.'는 종종 '쾨헬번호'라는 의미의 Köchel-Verzeichnis의 약자인 'KV.'로 표기되기도 한다.

'D.'로 시작하는 작품번호는 슈베르트에 관한 권위자인 오토 에리히 도이치의 이름을 따서 붙여진 것이다. 오스트리아의 음악 문헌학자이며 전기작가인 도이치는 연대순으로 총 998개의 슈베르트 작품에 번호를 매겼다.

───────────〈보 기〉───────────

ㄱ. 작품번호만 보아도 누구의 곡인지 알 수 있는 경우가 있다.
　　→ 어디 있었지? 이런 말투가 있었는데
ㄴ. 비발디의 작품번호를 최초로 정리하여 출판한 사람은 피터 리옹이다.
ㄷ. 몇몇 작곡가들의 작품번호는 작품들을 정리한 사람 이름의 이니셜을 사용하기도 한다.
　　'이니셜'이라는 단어는 없었는데, '첫 글자'가 '이니셜'을 의미하나?
ㄹ. BWV293과 D.759라는 작품이 있다면 그것은 각각 바흐와 슈베르트의 작품일 것이다.

① ㄱ, ㄴ

② ㄱ, ㄹ

③ ㄴ, ㄷ

④ ㄱ, ㄷ, ㄹ

⑤ ㄴ, ㄷ, ㄹ

🎯 매칭 포인트 1

> 뉘앙스도 매칭하라.

〈보기〉 ㄱ의 '작품번호만 보아도 누구의 곡인지 알 수 있는 경우가 있다.'에서 '~는 경우가 있다'는 뉘앙스가 눈에 들어옵니다. 이는 지문의 어딘가와 매칭할 수 있습니다. 어디일까요?

지문 첫째 줄의 '작품번호가 붙기도 한다'입니다. 두 문장의 뉘앙스가 서로 맞물립니다. 논리적으로도 몇몇 작곡가들이 존재하므로 '~는 경우가 있'는 겁니다. 내용을 구체적으로 찾아 매칭하지 않고 지문과 〈보기〉 또는 선택지의 특징만 매칭해 주어도 충분합니다.

🎯 매칭 포인트 2

> 동의어 표현도 매칭하라.

지문 3단락의 '첫 글자'라는 단어와 〈보기〉 ㄷ의 '이니셜'이라는 단어는 동의어입니다. 지문의 표현과 선택지의 표현이 비슷한 것만 느껴도 매칭 여부를 쉽게 알 수 있습니다.

〈보기〉 ㄷ에서 '사용하기도 한다'는 뉘앙스의 매칭입니다. 즉, 정리한 사람 이름의 이니셜을 사용한 경우가 있었는지만 매칭하면 됩니다. 해당 내용을 굳이 찾아내지 않더라도 기억할 수 있으면 더욱 좋겠죠. 셋째 단락 바흐의 작품을 정리한 사례가 있으니 여기에 매칭해 주면 됩니다.

〈보기〉 ㄱ과 ㄷ 두 개만 처리해도 문제풀이에 소요되는 시간은 현저히 줄어듭니다. 만약 이 매칭을 수월하게 하지 못한다면 ㄱ과 ㄷ보다 상대적으로 내용을 더 꼼꼼하게 읽어 주어야 하는 ㄴ과 ㄹ에서 시간이 더 걸리겠죠.

💡 선생님 TIP

여기에서 우리가 집중적으로 연습해야 하는 능력은 다음과 같습니다.
첫째, 지문을 읽을 때 선택지나 보기에서 출제자가 물어볼 사항을 미리 잘 체크했는가?
둘째, 보기나 선택지에서 출제자가 의도한 뉘앙스를 지문에서 얼마나 신속하게 찾아냈는가?

[정답] ④

02. 다음 글을 근거로 판단할 때, <보기>에서 옳은 것만을 모두 고르면?

제00조 ① 민사에 관한 분쟁의 당사자는 법원에 조정을 신청할 수 있다.
② 조정을 신청하는 당사자를 신청인이라고 하고, 그 상대방을 피신청인이라고 한다.
제00조 ① 신청인은 다음 각 호의 어느 하나에 해당하는 곳을 관할하는 지방법원에 조정을 신청해야 한다.
 1. 피신청인의 주소지, 피신청인의 사무소 또는 영업소 소재지, 피신청인의 근무지
 2. 분쟁의 목적물 소재지, 손해 발생지
② 조정사건은 조정담당판사가 처리한다.
제00조 ① 조정담당판사는 사건이 그 성질상 조정을 하기에 적당하지 아니하다고 인정하거나 신청인이 부당한 목적으로 조정신청을 한 것임을 인정하는 경우에는 조정을 하지 아니하는 결정으로 사건을 종결시킬 수 있다. 신청인은 이 결정에 대해서 불복할 수 없다.
② 조정담당판사는 신청인과 피신청인 사이에 합의가 성립되지 아니한 경우 조정 불성립으로 사건을 종결시킬 수 있다.
③ 조정담당판사는 신청인과 피신청인 사이에 합의된 사항이 조정조서에 기재되면 조정 성립으로 사건을 종결시킨다. 조정조서는 판결과 동일한 효력이 있다.
제00조 다음 각 호의 어느 하나에 해당하는 경우에는 조정신청을 한 때에 민사소송이 제기된 것으로 본다.
 1. 조정을 하지 아니하는 결정이 있는 경우
 2. 조정 불성립으로 사건이 종결된 경우

─── <보 기> ───

ㄱ. 신청인은 피신청인의 근무지를 관할하는 지방법원에 조정을 신청할 수 있다.
ㄴ. 조정을 하지 아니하는 결정을 조정담당판사가 한 경우, 신청인은 이에 대해 불복할 수 있다. → 이 문구가 지문에서 두 번 나왔었지.
ㄷ. 신청인과 피신청인 사이에 합의된 사항이 기재된 조정조서는 판결과 동일한 효력을 갖는다.
ㄹ. 조정 불성립으로 사건이 종결된 경우, 사건이 종결된 때를 민사소송이 제기된 시점으로 본다. → 이 문구도 지문에서 두 번 나왔어.
ㅁ. 조정담당판사는 신청인이 부당한 목적으로 조정신청을 한 것으로 인정하는 경우, 조정 불성립으로 사건을 종결시킬 수 있다.

① ㄱ, ㄷ
② ㄴ, ㄹ
③ ㄱ, ㄷ, ㄹ
④ ㄱ, ㄷ, ㅁ
⑤ ㄴ, ㄹ, ㅁ

매칭 포인트 1

> 주제를 매칭하라.

같은 지문 안에서도 매칭은 이루어집니다. 줄 글(법조문형)이 초반에는 큰 원칙을 제시하고 이어 나오는 규정에서 구체적인 사항 또는 예외 사항을 제시하니까요. 지문의 초반 내용은 크게 세 가지로 정리가 되네요.

1. 조정을 아니하는 경우
2. 조정 불성립
3. 조정 성립

조정을 안하는 경우와 조정 불성립은 각각 조정 신청을 한 때 소송이 제기된 것으로 본다는 부분으로 매칭됩니다.

 매칭 포인트 2

> 지문의 흐름과 <보기>를 매칭하라.

〈보기〉ㄴ은 조정을 아니하는 결정으로, 〈보기〉ㄹ은 조정 불성립인 경우로 매칭됩니다. 매칭만 해주어도 ㄹ이 옳지 않은 〈보기〉임을 바로 알 수 있습니다. '사건이 종결된 때'가 아니라 '조정신청을 한 때'가 민사소송 제기 시점이라는 내용이 자연스럽게 따라나오니까요. ㄹ이 옳지 않다는 것만 확실히 매칭시키면, ㄹ이 들어있는 선택지 ②, ③, ⑤를 제외시키고, 나머지 ①, ④에는 ㄱ, ㄷ이 모두 들어있으므로 ㅁ만 따져주면 됩니다.

두 세 단락으로 이루어진 긴 글형(긴 텍스트형)과 한 두 줄의 조항이 여럿 모여 이루어진 글형(법조문형)은 문장의 단위만 다를 뿐 정답을 도출하는 사고작용은 매칭으로 동일합니다. 심리적으로 법조문이 나오면 더 긴장하며 외우려 드는 경우가 많습니다. 하지만 암기력을 필요 이상으로 발동하지 마세요. 시간만 더 들고 힘만 더 빠집니다.

매칭형을 더 살펴보겠습니다.

[정답] ①

03. 다음 글과 <상황>을 근거로 판단할 때 옳은 것은?

제00조 ① 문화재청장은 학술조사 또는 공공목적 등에 필요한 경우 다음 각 호의 지역을 발굴할 수 있다.

1. 고도(古都)지역
2. 수중문화재 분포지역
3. 폐사지(廢寺址) 등 역사적 가치가 높은 지역

② 문화재청장은 제1항에 따라 발굴할 경우 발굴의 목적, 방법, 착수 시기 및 소요 기간 등의 내용을 발굴 착수일 2주일 전까지 해당 지역의 소유자 관리자 또는 점유자(이하 '소유자 등'이라 한다)에게 미리 알려 주어야 한다.

③ 제2항에 따른 통보를 받은 소유자 등은 그 발굴에 대하여 문화재청장에게 의견을 제출할 수 있으며, 발굴을 거부하거나 방해 또는 기피하여서는 아니 된다.

④ 문화재청장은 제1항의 발굴이 완료된 경우에는 완료된 날부터 30일 이내에 출토유물 현황 등 발굴의 결과를 소유자 등에게 알려 주어야 한다.

⑤ 국가는 제1항에 따른 발굴로 손실을 받은 자에게 그 손실을 보상하여야 한다.

⑥ 제5항에 따른 손실보상에 관하여는 문화재청장과 손실을 받은 자가 협의하여야 하며, 보상금에 대한 합의가 성립하지 않은 때에는 관할 토지수용위원회에 재결(裁決)을 신청할 수 있다.

⑦ 문화재청장은 제1항에 따른 발굴 현장에 발굴의 목적, 조사기관, 소요 기간 등의 내용을 알리는 안내판을 설치하여야 한다.

〈상 황〉

문화재청장 甲은 고도(古都)에 해당하는 A지역에 대한 학술조사를 위해 2021년 3월 15일부터 A지역의 발굴에 착수하고자 한다. 乙은 자기 소유의 A지역을 丙에게 임대하여 현재 임차인 丙이 이를 점유·사용하고 있다.

---

① 甲은 A지역 발굴의 목적, 방법, 착수 시기 및 소요 기간 등에 관한 내용을 丙에게 2021년 3월 29일 까지 알려주어야 한다.

② A지역의 발굴에 대한 통보를 받은 丙은 甲에게 그 발굴에 대한 의견을 제출할 수 있다.

③ 乙은 발굴 현장에 발굴의 목적 등을 알리는 안내판을 설치하여야 한다.

④ A지역의 발굴로 인해 乙에게 손실이 예상되는 경우, 乙은 그 발굴을 거부할 수 있다.

⑤ A지역과 인접한 토지 소유자인 丁이 A지역의 발굴로 인해 손실을 받은 경우, 丁은 보상금에 대해 甲과 협의하지 않고 관할 토지수용위원회에 재결을 신청할 수 있다.

🎯 매칭 포인트 1

<보기> 대신 <상황>이 주어지더라도 매칭으로 해결되는 경우가 많다.

2번의 〈보기〉는 ㄱ부터 ㅁ 중에서 옳은 것을 고르라고 했으니 매칭임을 쉽게 알 수 있습니다. 그런데 〈상황〉에서 사례가 주어지면 지문의 내용과 상황의 사례를 별개로 읽으려는 분들이 많습니다. 지문에서 제시된 규칙을 열심히 숙지 및 정리하고, 그것을 〈상황〉에 적용하려고 하는 거죠. 이러한 특성 때문에 원칙 적용형, 규칙 적용형으로 유형을 분류하기도 하는데, 굳이 어렵게 풀지 말고 매칭으로 해결하세요.

〈상황〉이 주어지는 경우 그 성격은 다양합니다. 예를 들어 〈상황〉에서 숫자를 제시하고 계산을 요구하는 문제도 있고, 이 문제처럼 매칭만으로도 쉽게 정답이 도출되기도 합니다. 〈상황〉이 주어져도 〈상황〉에 등장하는 인물이나 사건이 지문에 등장하는 주체, 객체, 사건들을 다른 방식으로 표현한 것에 불과하다면 그것은 매칭이기 때문입니다.

🎯 매칭 포인트 2

지문의 '착수일 2주전 + 2021년 3월 15일'은 <상황>의 '2021년 3월 39일'과 매칭이다.

착수일인 2021년 3월 15의 2주 전까지 통지해야 하는데 '3월 29일까지'라고 했으니 말도 안되죠. '3월 1일까지 통지인데'라고 계산할 필요도 없이 매칭만으로도 답을 결정할 수 있습니다. 날짜가 틀린 것도 아니고 아예 전후가 틀렸으니까요.

🎯 매칭 포인트 3

<상황>의 乙과 丙은 지문의 소유자, 임차인과 매칭된다.

지문으로 올라가서 소유자와 점유자를 매칭합시다. 내용의 위치만 인지하고 매칭해도 충분합니다. 시간의 압박이 심한 시험장에서는 이 정도만 해주고 선택지로 넘어갑니다.

② '통보를 받은 丙'은 '소유자 등'에 해당되므로 의견을 제출할 수 있습니다. 시험장에서 확신이 들었다면 여기에서 결단을 내리고 답을 내도 무방할 겁니다.

③ 안내판 설치의 주체가 매칭이 되지 않죠.

④ '발굴 거부'와 관련한 매칭입니다.

⑤ '인접한 토지 소유자인 丁'은 '손실을 받은자'와 매칭되네요. 하지만 너무 깊게 찾아서 '토지수용위원회'까지 따질 필요는 없습니다. 갑과 협의해야 한다는 내용과 매칭만 시켜주면 됩니다.

💡 선생님 **TIP**

지문을 처음 읽을 때부터 잘 체크해두자고 했었죠? 여기서도 매칭을 잘 해놓으면 시행착오가 줄어듭니다.

막연하게 지문을 다 분석하고 정확히 읽으려고 하기보다는 2항에서 착수일 2주일 전이라는 기한이 나왔음을 체크해줍시다. 또 특이하게 보이는 '발굴거부나 기피' 부분에 밑줄을 쳐둡시다.

[정답] ②

01. 다음 글을 근거로 판단할 때 옳은 것은?

15 5급공채

제00조(군위탁생의 임명) ① 군위탁생은 육군, 해군 및 공군(이하 '각군'이라 한다)에서 시행하는 전형과 해당 교육기관에서 시행하는 소정의 시험에 합격한 자 중에서 각군 참모총장의 추천에 의하여 국방부장관이 임명한다. 다만 부사관의 경우에는 각군 참모총장이 임명한다.

② 군위탁생은 임명권자의 허가 없이 교육기관을 옮기거나 전과(轉科)할 수 없다.

제00조(경비의 지급) ① 군위탁생에 대하여는 수학기간 중 입학금·등록금 기타 필요한 경비를 지급한다.

② 국외위탁생에 대하여는 왕복항공료 및 체재비를 지급하며, 6개월 이상 수학하는 국외위탁생에 대하여는 배우자 및 자녀의 왕복항공료, 의료보험료 또는 의료보조비, 생활준비금 및 귀국 이전비를 가산하여 지급할 수 있다. 이 경우 체재비의 지급액은 월 단위로 계산한다.

제00조(성적이 우수한 자의 진학 등) ① 국방부장관은 군위탁생으로서 소정의 과정을 우수한 성적으로 마친 자 중 지원자에 대하여는 소속군 참모총장의 추천에 의하여 해당 전공분야 또는 관련 학문분야의 상급과정에 진학하여 계속 수학하게 할 수 있다.

② 국방부장관은 군위탁생으로서 박사과정을 우수한 성적으로 마친 자 중 지원자에 대하여는 소속군 참모총장의 추천에 의하여 해당 전공분야 또는 관련분야의 실무연수를 하게 할 수 있다.

① 해군 장교가 군위탁생으로 추천받기 위해서는 해군에서 시행하는 전형과 해당 교육기관에서 시행하는 시험에 합격하여야 한다.

② 육군 부사관인 군위탁생이 다른 학교로 전학을 하기 위해서는 국방부장관의 허가를 받아야 한다.

③ 석사과정을 우수한 성적으로 마친 군위탁생은 소속군 참모총장의 추천이 없어도 관련 학문분야 박사과정에 진학하여 계속 수학할 수 있다.

④ 군위탁생의 경우 국내위탁과 국외위탁의 구별 없이 동일한 경비가 지급된다.

⑤ 3개월의 국외위탁교육을 받는 군위탁생은 체재비를 지급받을 수 없다.

02. 다음 글과 <상황>을 근거로 판단할 때 옳은 것은?

불법 주·정차 등 질서위반행위에 대하여 관할행정청은 과태료를 부과한다. 관할행정청으로부터 과태료 부과처분의 통지를 받은 사람(이하 '당사자'라 한다)은 그 처분을 다투기 위하여 관할행정청에 이의를 제기할 수 있고, 이의제기가 있으면 과태료 처분은 효력을 상실한다. 관할행정청이 당사자의 이의제기 사실을 관할법원에 통보하면, 그 법원은 당사자의 신청 없이 직권으로 과태료를 부과하는 재판을 개시한다. 과태료 재판을 담당하는 관할법원은 당사자의 주소지 지방법원 또는 지방법원지원이다.

법원은 정식재판절차 또는 약식재판절차 중 어느 하나의 절차를 선택하여 과태료 재판을 진행한다. 정식재판절차로 진행하는 경우, 법원은 당사자 진술을 듣고 검사 의견을 구한 다음에 과태료 재판을 한다. 약식재판절차에 의하는 경우, 법원은 당사자 진술을 듣지 않고 검사 의견만을 구하여 재판을 한다.

정식절차에 의한 과태료 재판에 불복하고자 하는 당사자 또는 검사는 그 재판의 결과(이하 '결정문'이라 한다)를 고지받은 날부터 1주일 내에 상급심 법원에 즉시항고하여야 한다. 그러나 약식절차에 의한 과태료 재판에 불복하고자 하는 당사자 또는 검사는 결정문을 고지받은 날부터 1주일 내에 과태료 재판을 한 법원에 이의신청하여야 한다. 이의신청이 있으면 법원은 정식재판절차에 의해 다시 과태료 재판을 하며, 그 재판에 대해 당사자 또는 검사는 상급심 법원에 즉시항고할 수 있다.

─〈상 황〉─

청주시에 주소를 둔 甲은 자기 승용차를 운전하여 인천에 놀러갔다. 며칠 후 관할행정청(이하 '乙'이라 한다)은 불법 주차를 이유로 과태료를 부과한다는 통지를 甲에게 하였다. 이 과태료 부과에 대해 甲은 乙에게 이의를 제기하였고, 乙은 甲의 주소지 법원인 청주지방법원에 이의제기 사실을 통보하였다.

① 甲은 乙에게 이의제기를 하지 않고 직접 청주지방법원에 과태료 재판을 신청할 수 있다.

② 甲이 乙에게 이의를 제기하더라도 과태료 처분은 유효하기 때문에 검사의 명령에 의해 과태료를 징수할 수 있다.

③ 청주지방법원이 정식재판절차에 의해 과태료 재판을 한 경우, 乙이 그 재판에 불복하려면 결정문을 고지받은 날부터 1주일 내에 상급심 법원에 즉시항고하여야 한다.

④ 청주지방법원이 甲의 진술을 듣고 검사 의견을 구한 다음 과태료 재판을 한 경우, 검사가 이 재판에 불복하려면 결정문을 고지받은 날부터 1주일 내에 청주지방법원에 이의신청을 하여야 한다.

⑤ 청주지방법원이 약식재판절차에 의해 과태료 재판을 한 경우, 甲이 그 재판에 불복하려면 결정문을 고지받은 날부터 1주일 내에 청주지방법원에 이의신청을 하여야 한다.

03. 다음 글을 근거로 판단할 때 옳은 것은?

> 사회통합프로그램이란 국내 이민자가 법무부장관이 정하는 소정의 교육과정을 이수하도록 하여 건전한 사회구성원으로 적응·자립할 수 있도록 지원하고 국적취득, 체류허가 등에 있어서 편의를 주는 제도이다. 프로그램의 참여대상은 대한민국에 체류하고 있는 결혼이민자 및 일반이민자(동포, 외국인근로자, 유학생, 난민 등)이다.
>
> 사회통합프로그램의 교육과정은 '한국어과정'과 '한국사회이해과정'으로 구성된다. 신청자는 우선 한국능력에 대한 사전평가를 받고, 그 평가점수에 따라 한국어과정 또는 한국사회이해과정에 배정된다.
>
> 일반이민자로서 참여를 신청한 자는 사전평가 점수에 의해 배정된 단계로부터 6단계까지 순차적으로 교육과정을 이수하여야 한다. 한편 결혼이민자로서 참여를 신청한 자는 4~5단계를 면제받는다. 예를 들어 한국어과정 2단계를 배정받은 결혼이민자는 3단계까지 완료한 후 바로 6단계로 진입한다. 다만 결혼이민자의 한국어능력 강화를 위하여 2013년 1월 1일부터 신청한 결혼이민자에 대해서는 한국어과정 면제제도를 폐지하여 일반이민자와 동일하게 프로그램을 운영한다.

<과정 및 이수시간>

(2012년 12월 현재)

구분＼단계		1	2	3	4	5	6
과 정		한 국 어					한국사회이해
		기초	초급 1	초급 2	중급 1	중급 2	
이수시간		15시간	100시간	100시간	100시간	100시간	50시간
사전평가점수	일반이민자	0점~10점	11점~29점	30점~49점	50점~69점	70점~89점	90점~100점
	결혼이민자	0점~10점	11점~29점	30점~49점	면 제		50점~100점

① 2012년 12월에 사회통합프로그램을 신청한 결혼이민자 A는 한국어과정을 최소 200시간 이수하여야 한다.

② 2013년 1월에 사회통합프로그램을 신청하여 사전평가에서 95점을 받은 외국인근로자 B는 한국어과정을 이수하여야 한다.

③ 난민 인정을 받은 후 2012년 11월에 사회통합프로그램을 신청한 C는 한국어과정과 한국사회이해과정을 동시에 이수할 수 있다.

④ 2013년 2월에 사회통합프로그램 참여를 신청한 결혼이민자 D는 한국어과정 3단계를 완료한 직후 한국사회이해과정을 이수하면 된다.

⑤ 2012년 12월에 사회통합프로그램을 신청하여 사전평가에서 77점을 받은 유학생 E는 사회통합프로그램 교육과정을 총 150시간 이수하여야 한다.

01. 다음 글을 근거로 판단할 때 옳은 것은?

15 5급공채

제00조(군위탁생의 임명) ① 군위탁생은 육군, 해군 및 공군(이하 '각군'이라 한다)에서 시행하는 전형과 해당 교육기관에서 시행하는 소정의 시험에 합격한 자 중에서 각군 참모총장의 추천에 의하여 국방부장관이 임명한다. 다만 부사관의 경우에는 각군 참모총장이 임명한다.

② 군위탁생은 임명권자의 허가 없이 교육기관을 옮기거나 전과(轉科)할 수 없다.

제00조(경비의 지급) ①군위탁생에 대하여는 수학기간 중 입학금·등록금 기타 필요한 경비를 지급한다.

② 국외위탁생에 대하여는 왕복항공료 및 체재비를 지급하며, 6개월 이상 수학하는 국외위탁생에 대하여는 배우자 및 자녀의 왕복항공료, 의료보험료 또는 의료보조비, 생활준비금 및 귀국 이전비를 가산하여 지급할 수 있다. 이 경우 체재비의 지급액은 월 단위로 계산한다.

제00조(성적이 우수한 자의 진학 등) ①국방부장관은 군위탁생으로서 소정의 과정을 우수한 성적으로 마친 자 중 지원자에 대하여는 소속군 참모총장의 추천에 의하여 해당 전공분야 또는 관련 학문분야의 상급과정에 진학하여 계속 수학하게 할 수 있다.

② 국방부장관은 군위탁생으로서 박사과정을 우수한 성적으로 마친 자 중 지원자에 대하여는 소속군 참모총장의 추천에 의하여 해당 전공분야 또는 관련분야의 실무연수를 하게 할 수 있다.

---

① 해군 장교가 군위탁생으로 추천받기 위해서는 해군에서 시행하는 전형과 해당 교육기관에서 시행하는 시험에 합격하여야 한다.

② 육군 부사관인 군위탁생이 다른 학교로 전학을 하기 위해서는 국방부장관의 허가를 받아야 한다. → '부사관'은 예외에 해당되는 부분이었어!

③ 석사과정을 우수한 성적으로 마친 군위탁생은 소속군 참모총장의 추천이 없어도 관련 학문분야 박사과정에 진학하여 계속 수학할 수 있다.

④ 군위탁생의 경우 국내위탁과 국외위탁의 구별 없이 동일한 경비가 지급된다.
→ 동일하다는 표현이 있었나? 국내도 달랐던 것 같아.

⑤ 3개월의 국외위탁교육을 받는 군위탁생은 체재비를 지급받을 수 없다.

매칭 포인트 1

> 원칙과 예외도 각각 매칭하라.

매칭은 지문과 선택지 또는 〈보기〉와의 매칭도 있고, 지문을 읽을 때 흐름상 지문 내에서도 매칭이 이루어집니다.

첫 조에서 군위탁생은 국방부장관이 임명한다고 큰 원칙을 제시하고서 부사관은 참모총장이 임명한다고 단서를 달아놨네요. 선택지에 등장할 가능성이 매우 높겠죠? 뒤에서 선택지에서 매칭될 가능성을 염두에 두어야 합니다. 이 매칭은 선택지 ②의 '부사관인 군위탁생'에서 등장합니다.

매칭만 했다면 누가 임명했는지 판단하는 데 어려움이 없습니다. 이미 우리는 눈치를 챘으니까요. '국방부장관의 허가'라는 매칭이 옳지 않음을 알 수 있습니다.

 매칭 포인트 2

> 숫자도 위치의 매칭이다.

선택지 ⑤의 '3개월의 국외위탁교육'은 지문의 '6개월'과 바로 매칭이 됩니다. 6개월 이상에 해당하는 경비는 체제비와 구분됩니다. 이 매칭만으로도 옳지 않음을 알 수 있습니다.

단순한 매칭 몇 개만으로도 문제풀이 시간은 훨씬 단축됩니다. 모든 지문을 놓치지 않고 샅샅이 읽으려고 하거나 선택지를 모두 날카로운 이해력으로 승부를 보려고 하면 지친다는 사실! 꼭 잊지 마세요.

[정답] ①

불법 주·정차 등 질서위반행위에 대하여 관할행정청은 과태료를 부과한다. 관할행정청으로부터 과태료 부과처분의 통지를 받은 사람(이하 '당사자'라 한다)은 그 처분을 다투기 위하여 관할행정청에 이의를 제기할 수 있고, 이의제기가 있으면 과태료 처분은 효력을 상실한다. 관할행정청이 당사자의 이의제기 사실을 관할법원에 통보하면, 그 법원은 당사자의 신청 없이 직권으로 과태료를 부과하는 재판을 개시한다. 과태료 재판을 담당하는 관할법원은 당사자의 주소지 지방법원 또는 지방법원지원이다.

법원은 정식재판절차 또는 약식재판절차 중 어느 하나의 절차를 선택하여 과태료 재판을 진행한다. 정식재판절차로 진행하는 경우, 법원은 당사자 진술을 듣고 검사 의견을 구한 다음에 과태료 재판을 한다. 약식재판절차에 의하는 경우, 법원은 당사자 진술을 듣지 않고 검사 의견만을 구하여 재판을 한다.

정식절차에 의한 과태료 재판에 불복하고자 하는 당사자 또는 검사는 그 재판의 결과(이하 '결정문'이라 한다)를 고지받은 날부터 1주일 내에 상급심 법원에 즉시항고하여야 한다. 그러나 약식절차에 의한 과태료 재판에 불복하고자 하는 당사자 또는 검사는 결정문을 고지받은 날부터 1주일 내에 과태료 재판을 한 법원에 이의신청하여야 한다. 이의신청이 있으면 법원은 정식재판절차에 의해 다시 과태료 재판을 하며, 그 재판에 대해 당사자 또는 검사는 상급심 법원에 즉시항고할 수 있다.

─〈상 황〉─

청주시에 주소를 둔 甲은 자기 승용차를 운전하여 인천에 놀러갔다. 며칠 후 관할행정청(이하 '乙'이라 한다)은 불법 주차를 이유로 과태료를 부과한다는 통지를 甲에게 하였다. 이 과태료 부과에 대해 甲은 乙에게 이의를 제기하였고, 乙은 甲의 주소지 법원인 청주지방법원에 이의제기 사실을 통보하였다.

항고도 이곳에 해야겠네.

① 甲은 乙에게 이의제기를 하지 않고 직접 청주지방법원에 과태료 재판을 신청할 수 있다.

② 甲이 乙에게 이의를 제기하더라도 과태료 처분은 유효하기 때문에 검사의 명령에 의해 과태료를 징수할 수 있다.

③ 청주지방법원이 정식재판절차에 의해 과태료 재판을 한 경우, 乙이 그 재판에 불복하려면 결정문을 고지받은 날부터 1주일 내에 상급심 법원에 즉시항고하여야 한다.

④ 청주지방법원이 甲의 진술을 듣고 검사 의견을 구한 다음 과태료 재판을 한 경우, 검사가 이 재판에 불복하려면 결정문을 고지받은 날부터 1주일 내에 청주지방법원에 이의신청을 하여야 한다.

⑤ 청주지방법원이 약식재판절차에 의해 과태료 재판을 한 경우, 甲이 그 재판에 불복하려면 결정문을 고지받은 날부터 1주일 내에 청주지방법원에 이의신청을 하여야 한다.

🎯 매칭 포인트 1

> 지문의 '과태료 부과처분의 통지를 받은 사람'은 '당사자'이고, <상황>의 '甲'과 매칭된다.

문제에 주어진 〈상황〉은 새로운 사례이지만 지문의 내용을 그대로 반영하고 있으므로 매칭으로 해결이 가능합니다. 과태료를 부과한 관할행정청, 과태료를 부과받은 사람, 관할법원, 상급심 법원 등 주체가 많이 등장합니다. 또 재판절차가 정식절차와 약식절차로 구분되는데 그 절차가 다르므로 주의합시다.

우선 첫째 단락은 이의제기 절차입니다.

당사자 이의제기 → 관할행정청 → 관할법원

관할행정청은 당사자의 주소지의 법원이네요. 아래 〈상황〉에서는 이 점을 교묘하게 꾸미고 있습니다. 주소가 청주인 甲이 인천에 가서 과태료를 받았으니까요. 그러면 甲이 이의제기하는 경우 재판은 인천이 아니라 청주에서 하게 됩니다.

둘째 단락은 재판절차입니다. 정식재판은 당사자와 검사의 의견을 구하고 재판을 하네요. 약식재판은 당사자가 빠지고 검사 의견만 구하고요.

셋째 단락은 재판 불복시의 절차입니다. 정식재판은 당사자와 검사가 상급심 법원에 항고를 합니다.

🎯 매칭 포인트 2

> 약식절차와 정식절차의 매칭이다. 각 주체의 차이에 주목한다.

약식절차는 당사자와 검사가 약식재판을 한 법원에 이의신청을 합니다. 그러면 정식재판을 하는데 그 결과를 받아들이지 않으면 상급심 법원에 항고를 하네요. 이 과정을 표로 나타내면 다음과 같습니다.

	정식	약식
재판(진술)	당사자 or 검사	검사
불복	당사자 or 검사 → 항고(상급심 법원)	당사자 or 검사 → 이의신청(해당재판법원)

선택지 ③에서 乙은 관할행정청입니다. 도표와 같이 항고의 주체는 당사자 또는 검사입니다. 사실 지문에서 관할행정청은 이의제기 사실을 관할법원에 통보하는 역할입니다. 매칭을 잘 해놓았다면 乙은 항고의 주체가 아님을 쉽게 알 수 있습니다.

선택지 ④에서 상급심 법원과 지방법원의 매칭이 어색하다는 것만 인지하면 됩니다. '청주지방법원이 甲의 진술을 듣고 검사 의견을 구한 다음'이라고 했으니 정식재판이라는 얘기네요. 정식재판에 불복하는 경우는 상급심 법원에 항고해야 합니다. 이의제기냐 항고냐를 따질 필요 없이 옳지 않은 매칭입니다.

[정답] ⑤

사회통합프로그램이란 국내 이민자가 법무부장관이 정하는 소정의 교육과정을 이수하도록 하여 건전한 사회구성원으로 적응·자립할 수 있도록 지원하고 국적취득, 체류허가 등에 있어서 편의를 주는 제도이다. 프로그램의 참여대상은 대한민국에 체류하고 있는 결혼이민자 및 일반이민자(동포, 외국인근로자, 유학생, 난민 등)이다.

사회통합프로그램의 교육과정은 '한국어과정'과 '한국사회이해과정'으로 구성된다. 신청자는 우선 한국어능력에 대한 사전평가를 받고, 그 평가점수에 따라 한국어과정 또는 한국사회이해과정에 배정된다.

일반이민자로서 참여를 신청한 자는 사전평가 점수에 의해 배정된 단계로부터 6단계까지 순차적으로 교육과정을 이수하여야 한다. 한편 결혼이민자로서 참여를 신청한 자는 4~5단계를 면제받는다. 예를 들어 한국어과정 2단계를 배정받은 결혼이민자는 3단계까지 완료한 후 바로 6단계로 진입한다. 다만 결혼이민자의 한국어능력 강화를 위하여 2013년 1월 1일부터 신청한 결혼이민자에 대해서는 한국어과정 면제제도를 폐지하여 일반이민자와 동일하게 프로그램을 운영한다.

〈과정 및 이수시간〉

(2012년 12월 현재)

구분 \ 단계	1	2	3	4	5	6
과정	한 국 어					한국사회이해
	기초	초급 1	초급 2	중급 1	중급 2	
이수시간	15시간	100시간	100시간	100시간	100시간	50시간
사전평가점수 — 일반이민자	0점~10점	11점~29점	30점~49점	50점~69점	70점~89점	90점~100점
사전평가점수 — 결혼이민자	0점~10점	11점~29점	30점~49점	면 제		50점~100점

① 2012년 12월에 사회통합프로그램을 신청한 결혼이민자 A는 한국어과정을 최소 200시간 이수하여야 한다.

② 2013년 1월에 사회통합프로그램을 신청하여 사전평가에서 95점을 받은 외국인근로자 B는 한국어과정을 이수하여야 한다.

③ 난민 인정을 받은 후 2012년 11월에 사회통합프로그램을 신청한 C는 한국어과정과 한국사회이해과정을 동시에 이수할 수 있다.

④ 2013년 2월에 사회통합프로그램 참여를 신청한 결혼이민자 D는 한국어과정 3단계를 완료한 직후 한국사회이해과정을 이수하면 된다.

⑤ 2012년 12월에 사회통합프로그램을 신청하여 사전평가에서 77점을 받은 유학생 E는 사회통합프로그램 교육과정을 총 150시간 이수하여야 한다.

🎯 매칭 포인트 1

> 출제자의 의도가 뻔히 보이는 어긋나는 표현도 매칭하라.

도표가 나오고 숫자도 나오기 때문에 계산형 문제나 원칙파악을 해야 하는 문제로 보이지만 선택지를 훑어보면 딱히 계산과정을 요하지 않음을 알 수 있습니다. 매칭일 가능성이 있다는 판단을 해두고 지문을 읽습니다.

초반에 참여대상은 결혼이민자와 일반이민자로 나뉜다는 사실을 알려줍니다. 주체의 매칭, 그리고 숫자의 매칭임을 알 수 있습니다. 즉, 결혼이민자인지 일반이민자인지를 구별해주고 사전평가 점수를 도표와 매칭해주면 됩니다.

선택지 ③은 가장 단순한 매칭입니다. 앞에서 뉘앙스나 단어 선택만으로도 매칭의 단서가 된다고 했었습니다. 3단락에서 '순차적으로'라고 했으니 이 부분은 선택지의 '동시에'라는 표현과 매칭입니다. 매칭만으로도 답을 도출할 수 있습니다. 출제자의 의도를 알아채버렸으니까요.

선택지 ④는 매칭의 대표적인 예죠. 결혼이민자는 4단계와 5단계를 건너뛴다고 큰 원칙을 제시하면서 바로 이어서 2013년 1월 1일부터 폐지라는 예외가 나옵니다. 당연히 ④의 2013년 2월과 매칭임을 알 수 있습니다. 옳지 않습니다.

🎯 매칭 포인트 2

> 의도가 들어 있는 특정한 숫자, 날짜도 매칭이다.

선택지 ⑤는 단순히 숫자만 매칭해주면 됩니다. 77점을 받은 유학생은 5단계에 배정을 받습니다. 따라서 한국어 5단계 100시간과 6단계 한국사회이해 50시간을 이수해야 하므로 옳습니다.

[정답] ⑤

해커스 7급 PSAT 이준 상황판단 4주 완성

유형 2

따라계산형

유형분석

유형공략문제

01 유형 소개

이제 따라계산형을 살펴보겠습니다. '따라계산형'이란 지문에 제시된 숫자 정보를 따라 사칙연산으로 계산하여 정답을 도출하는 유형입니다.

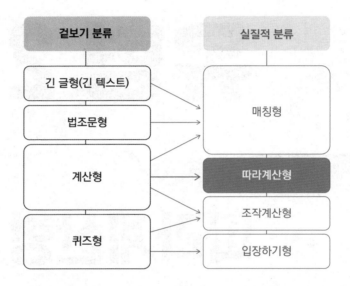

본 교재는 계산형을 따라계산형과 조작계산형으로 나누는데, 퀴즈로 분류되는 문제 중 일부를 조작계산형으로 분류하였습니다. 왜냐하면 계산형이나 퀴즈형 어느 한 쪽으로 묶기에는 애매한 유형이 존재하기 때문입니다. 대표 기출문제(p.25) 4~5번을 살펴봅시다.

대표 기출문제(p.25) 4번과 5번 문제의 형태는 꽤 비슷합니다. 두 문제는 숫자가 포함된 도표도 있고 뭔가 계산을 해야 할 듯한 분위기도 비슷합니다. 하지만 4번은 매칭형입니다. 계산하는 과정이 없기 때문입니다. 그에 비해 5번은 매칭으로 해결되지 않습니다.

또한 두 문제는 발문이 다릅니다. 4번은 옳은 것을 물어봤고 5번은 차액을 물어봤기 때문입니다. 4번의 〈상황〉은 지문과 비교하여 옳고 그름만 따져주면 되지만, 5번의 〈상황〉은 해당되는 사항을 모두 계산으로 처리해 주어야 합니다. 겉모양으로만 판단하지 말고 문제를 대하는 초반에 발문의 취지와 내 반응을 동시에 살피면서 문제 해결 방식을 결정해 주어야 합니다.

계산형이라고 하면 될 것을 굳이 따라계산형이라고 한 이유는 뒤에서 살펴볼 조작계산형과 구분되기 때문인데, 뒤에서 자세히 살펴보기로 하고 일단은 계산이 필요한 유형이라는 것만 염두에 두고 살펴보기로 하겠습니다.

┌─ ✔ **핵심 체크** ─────────────────────────

· 숫자가 나오고 도표가 제시된다고 무조건 계산형이 아니다.

가이드에 따라 대표 기출문제(p.25) 04~05 문제를 풀이해 봅시다.

04. 다음 글과 <상황>을 근거로 판단할 때 옳은 것은? 　　　　15 5급공채

제00조(포상금의 지급) 국세청장은 체납자의 은닉재산을 신고한 자에게 그 신고를 통하여 징수한 금액에 다음 표의 지급률을 적용하여 계산한 금액을 포상금으로 지급할 수 있다. 다만 포상금이 20억 원을 초과하는 경우, 그 초과하는 부분은 지급하지 아니한다.

징수금액	지급률
2,000만 원 이상 2억 원 이하	100분의 15
2억 원 초과 5억 원 이하	3,000만 원+2억 원 초과 금액의 100분의 10
5억 원 초과	6,000만 원+5억 원 초과 금액의 100분의 5

제00조(고액·상습체납자 등의 명단 공개) 국세청장은 체납발생일부터 1년이 지난 국세가 5억 원 이상인 체납자의 인적 사항, 체납액 등을 공개할 수 있다. 다만 체납된 국세가 이의신청·심사청구 등 불복청구 중에 있거나 그 밖에 대통령령으로 정하는 사유가 있는 경우에는 그러하지 아니하다.

제00조(관허사업의 제한) ① 세무서장은 납세자가 국세를 체납하였을 때에는 허가·인가·면허 및 등록과 그 갱신(이하 '허가 등'이라 한다)이 필요한 사업의 주무관서에 그 납세자에 대하여 그 허가 등을 하지 아니할 것을 요구할 수 있다.

② 세무서장은 허가 등을 받아 사업을 경영하는 자가 국세를 3회 이상 체납한 경우로서 그 체납액이 500만 원 이상일 때에는 그 주무관서에 사업의 정지 또는 허가 등의 취소를 요구할 수 있다.

③ 제1항 또는 제2항에 따른 세무서장의 요구가 있을 때에는 해당 주무관서는 정당한 사유가 없으면 요구에 따라야 하며, 그 조치결과를 즉시 해당 세무서장에게 알려야 한다.

제00조(출국금지 요청 등) 국세청장은 정당한 사유 없이 5,000만 원 이상 국세를 체납한 자에 대하여 법무부장관에게 출국금지를 요청하여야 한다.

─── 〈상 황〉 ───

○ 甲은 허가를 받아 사업을 경영하고 있음

○ 甲은 법령에서 정한 정당한 사유 없이 국세 1억 원을 1회 체납하여 법령에 따라 2012. 12. 12. 체납액이 징수되었음 → 징수되었으니 신경쓸 필요 없군.

○ 甲은 국세인 소득세(납부기한:2013. 5. 31.) 2억 원을 법령에서 정한 정당한 사유 없이 2015. 2. 7. 현재까지 체납하고 있음　　→ 지문에 5억 원 이상으로 나왔어.

○ 甲은 체납국세와 관련하여 불복청구 중이거나 행정소송이 계류 중인 상태가 아니며, 징수유예나 체납처분유예를 받은 사실이 없음

---

① 국세청장은 甲의 인적사항, 체납액 등을 공개할 수 있다.

② 세무서장은 법무부장관에게 甲의 출국금지를 요청하여야 한다.

③ 국세청장은 甲에 대하여 허가의 갱신을 하지 아니할 것을 해당 주무관서에 요구할 수 있다.

④ 2014. 12. 12. 乙이 甲의 은닉재산을 신고하여 국세청장이 甲의 체납액을 전액 징수할 경우, 乙은 포상금으로 3,000만 원을 받을 수 있다.

⑤ 세무서장이 甲에 대한 사업허가의 취소를 해당 주무관서에 요구하면 그 주무관서는 요구에 따라야 하고, 그 조치결과를 즉시 해당 세무서장에게 알려야 한다.

매칭 포인트 1

> 지문에 등장하는 헷갈리는 주체들을 분명히 구분하여 매칭한다.

매칭형과 따라계산형의 차이를 더 확실히 보여드리기 위해 매칭형을 한 문제 더 살펴봅시다. 이 문제는 처음에는 매칭형으로 보이지 않아요. 첫 눈에 지문과 선택지에 숫자가 많기 때문입니다. 편견에 따라 유형을 일찍 결정하지 말고 문제를 접하는 초반에 유형을 느끼기 바랍니다. 아래 〈상황〉을 훑어보면 숫자는 많지만 계산은 없습니다. 매칭일 가능성이 높습니다. 등장하는 주체들과 사건들의 흐름도 매칭하여 읽읍시다.

지문에 국세청정과 세무서장이 등장합니다. 분명히 이 두 사람이 매칭에 등장할 겁니다. 국세청장은 '공개-5억 원'과, 세무서장은 '갱신(허가)'과, 법무부장관은 '출국금지-5천만 원'과 매칭입니다.

 매칭 포인트 2

> 의미있는 사건이 무엇인지 확인하고 주요 정보와 매칭한다.

아래 〈상황〉을 읽어보니 의미 있는 것은 세 번째 문장입니다. 체납액이 2억 원이라는 것이죠. 지문의 5억 원이 떠오를 것입니다. 500만 원이 있긴 하지만 2억 원과 5억 원의 매칭이 더 자연스럽습니다.

선택지 ①에서 국세청장과 공개는 매칭이 되는데 '5억 원 이상'의 매칭에 어긋납니다. 甲은 2억 원 체납이네요.
선택지 ②에서 출국금지의 매칭은 '국세청장-5천만 원'인데 세무서장을 매칭시켰으니 옳지 않습니다.
선택지 ③에서 갱신의 매칭은 '세무서장-갱신'인데 국세청장을 매칭시켰네요. 옳지 않습니다.
선택지 ④는 계산을 추가로 요구하고 있으니 매칭만으로는 부족하네요. 하지만 매우 단순한 계산입니다. 체납액 2억 원의 15%는 3천만 원이니까 옳습니다.

[정답] ④

다음 <A기관 특허대리인 보수 지급 기준>과 <상황>을 근거로 판단할 때, 甲과 乙이 지급받는 보수의 차이는?

21 7급공채

―――――〈A기관 특허대리인 보수 지급 기준〉―――――

○A기관은 특허출원을 특허대리인(이하 '대리인')에게 의뢰하고, 이에 따라 특허출원 건을 수임한 대리인에게 보수를 지급한다.

○보수는 착수금과 사례금의 합이다.

○착수금은 대리인이 작성한 출원서의 내용에 따라 〈착수금 산정 기준〉의 세부항목을 합산하여 산정한다. 단, 세부항목을 합산한 금액이 140만 원을 초과할 경우 착수금은 140만 원으로 한다.

〈착수금 산정 기준〉

세부항목	금액(원)
기본료	1,200,000
독립항 1개 초과분(1개당)	100,000
종속항(1개당)	35,000
명세서 20면 초과분(1면당)	9,000
도면(1도당)	15,000

※독립항 1개 또는 명세서 20면 이하는 해당 항목에 대한 착수금을 산정하지 않는다.

○사례금은 출원한 특허가 '등록결정'된 경우 착수금과 동일한 금액으로 지급하고, '거절결정'된 경우 0원으로 한다.

―――――〈상 황〉―――――

○특허대리인 甲과 乙은 A기관이 의뢰한 특허출원을 각각 1건씩 수임하였다.

○甲은 독립항 1개, 종속항 2개, 명세서 14면, 도면 3도로 출원서를 작성하여 특허를 출원하였고, '등록결정'되었다.

○乙은 독립항 5개, 종속항 16개, 명세서 50면, 도면 12도로 출원서를 작성하여 특허를 출원하였고, '거절결정'되었다.

① 2만 원

② 8만 5천 원

③ 123만 원

④ 129만 5천 원

⑤ 259만 원

🚩 따라계산 포인트

> 지문과 <상황>에서 계산에 필요한 조건을 정리하고 확인 순서대로 따라간다.

이 문제는 매칭형과 형태는 비슷하지만 매칭보다는 계산하는 데 사고를 집중하는 유형입니다. 발문의 '보수의 차이는'이라는 표현과 아래의 <상황>을 보니, 매칭만으로 해결이 안되는 것을 직감할 수 있습니다. 주어진 <상황>은 지문의 정보를 바탕으로 계산을 하라고 제시한 사례입니다.

위 지문에서 주요한 단서가 되는 내용을 정리하면 모두 네 가지입니다.

1. 보수는 착수금과 사례금의 합이다.
2. 독립항 1개 또는 명세서 20면 이하는 착수금을 산정하지 않는다.
3. 사례금은 등록결정시에는 착수금과 동일, 거절결정시에는 0원.
4. 합산액이 140만 원을 초과할 경우 착수금은 140만 원으로 한다.

그리고 제시된 단서는 모두 대등하게 병렬로 연결됩니다. 특별히 꼬아놓은 것도 없고 단순히 따라가면서 적용만 해주면 됩니다. 다만 단서 4는 약간 성격이 다릅니다. 왜냐하면 앞에 있는 단서들 전체를 부정할 수 있는 결정적인 힘을 가지기 때문입니다. 아무리 앞의 계산들을 열심히 해놓았더라도 이 단서에 걸리면 그 계산이 의미가 없어지거든요. 이런 의미에서 단서 4를 가장 조심해야 합니다.

甲과 乙 중에서 무엇을 먼저 계산하는 게 좋을까요? 乙입니다. 乙이 거절결정되었기 때문에 사례금이 없으니 판단하기가 쉬워집니다. 경우의 수가 많은 것을 건드리면 피곤해집니다. 계산을 하면 도표와 같습니다.

	착수금	사례금	총
甲	기본료 120＋종속항 7＋도면 4.5＝131.5	착수금과 동일	263
乙	기본료 120＋독립항 40＝160 → 140 초과이므로 140	×	140

따라서 甲(263만 원)-乙(140만 원)=123만 원입니다.

[정답] ③

01. 甲은 乙로부터 5차에 걸쳐 총 7천만 원을 빌렸으나, 자금 형편상 갚지 못하고 있다가 2010년 2월 5일 1천만 원을 갚았다. 다음 <조건>을 근거로 판단할 때, <甲의 채무현황>에서 2010년 2월 5일에 전부 또는 일부가 소멸된 채무는?(다만 연체 이자와 그 밖의 다른 조건은 고려하지 않는다)

10 5급공채

〈조 건〉

○채무 중에 상환하기로 약정한 날짜(이행기)가 도래한 것과 도래하지 아니한 것이 있으면, 이행기가 도래한 채무가 변제로 먼저 소멸한다.
○이행기가 도래한(또는 도래하지 않은) 채무 간에는 이자가 없는 채무보다 이자가 있는 채무, 저이율의 채무보다는 고이율의 채무가 변제로 먼저 소멸한다.
○이율이 같은 경우, 이행기가 먼저 도래한 채무나 도래할 채무가 변제로 먼저 소멸한다.

〈甲의 채무현황〉

구분	이행기	이율	채무액
A	2009. 11. 10.	0%	1천만 원
B	2009. 12. 10.	20%	1천만 원
C	2010. 1. 10.	15%	1천만 원
D	2010. 1. 30.	20%	2천만 원
E	2010. 3. 30.	15%	2천만 원

① A
② B
③ C
④ D
⑤ E

02. 다음 글을 근거로 판단할 때, 7월 1일부터 6일까지 지역 농산물 유통센터에서 판매된 甲의 수박 총 판매액은?

21 민경채

○A시는 농산물의 판매를 촉진하기 위하여 지역 농산물 유통센터를 운영하고 있다. 해당 유통센터는 농산물을 수확 당일 모두 판매하는 것을 목표로 운영하며, 당일 판매하지 못한 농산물은 판매가에서 20%를 할인하여 다음 날 판매한다.

○농부 甲은 7월 1일부터 5일까지 매일 수확한 수박 100개씩을 수확 당일 A시 지역 농산물 유통센터에 공급하였다.

○甲으로부터 공급받은 수박의 당일 판매가는 개당 1만 원이며, 매일 판매된 수박 개수는 아래와 같았다. 단, 수확 당일 판매되지 않은 수박은 다음 날 모두 판매되었다.

날짜(일)	1	2	3	4	5	6
판매된 수박(개)	80	100	110	100	100	10

① 482만 원

② 484만 원

③ 486만 원

④ 488만 원

⑤ 490만 원

03. 다음 글을 근거로 판단할 때, 18시에서 20시 사이에 보행신호가 점등된 횟수는? 　21 5급공채

○A시는 차량통행은 많지만 사람의 통행은 적은 횡단보도에 보행자 자동인식시스템을 설치하였다.

○보행자 자동인식시스템이 횡단보도 앞에 도착한 보행자를 인식하면 1분 30초의 대기 후에 보행신호가 30초간 점등되며, 이후 차량통행을 보장하기 위해 2분간 보행신호는 점등되지 않는다. 점등 대기와 보행신호 점등, 차량통행 보장 시간 동안에는 보행자를 인식하지 않는다.

점등 대기	→	보행신호 점등	→	차량통행 보장
1분 30초		30초		2분

○보행신호가 점등되기 전까지 횡단보도 앞에 도착한 사람만 모두 건넌다.

○다음은 17시 50분부터 20시까지 횡단보도 앞에 도착한 사람의 수와 도착 시각을 정리한 것이다.

도착 시각	인원	도착 시각	인원
18:25:00	1	18:44:00	3
18:27:00	3	18:59:00	4
18:30:00	2	19:01:00	2
18:31:00	5	19:48:00	4
18:43:00	1	19:49:00	2

① 6

② 7

③ 8

④ 9

⑤ 10

01. 甲은 乙로부터 5차에 걸쳐 총 7천만 원을 빌렸으나, 자금 형편상 갚지 못하고 있다가 2010년 2월 5일 1천만 원을 갚았다. 다음 <조건>을 근거로 판단할 때, <甲의 채무현황>에서 2010년 2월 5일에 전부 또는 일부가 소멸된 채무는?(다만 연체 이자와 그 밖의 다른 조건은 고려하지 않는다)

10 5급공채

〈조 건〉

○채무 중에 상환하기로 약정한 날짜(이행기)가 도래한 것과 도래하지 아니한 것이 있으면, 이행기가 도래한 채무가 변제로 먼저 소멸한다. → 2010년 2월 5일보다 늦은 날짜는 따지지도 마!

○이행기가 도래한(또는 도래하지 않은) 채무 간에는 이자가 없는 채무보다 이자가 있는 채무, 저이율의 채무보다는 고이율의 채무가 변제로 먼저 소멸한다.
→ 2010년 2월 5일보다 빠르면 이자 없는 것부터! 2010년 2월 5일보다 빠르면 고이율부터!

○이율이 같은 경우, 이행기가 먼저 도래한 채무나 도래할 채무가 변제로 먼저 소멸한다.
→ 이율이 같은 경우가 등장하겠군

〈甲의 채무현황〉

구분	이행기	이율	채무액
A	2009. 11. 10.	0%	1천만 원
B	2009. 12. 10.	20%	1천만 원
C	2010. 1. 10.	15%	1천만 원
D	2010. 1. 30.	20%	2천만 원
E	2010. 3. 30.	15%	2천만 원

① A
② B
③ C
④ D
⑤ E

🕂 따라계산 포인트

> **<조건>의 우선 처리 요소를 결정한 후 따라간다.**

숫자가 등장하지만 꿰어맞추거나 복잡하게 계산할 필요 없이 따라가기만 하면 됩니다. 甲이 乙로부터 5차에 걸쳐 총 7천만 원을 빌렸는데 2010년 2월 5일 1천만 원을 갚았대요. 채무가 많으니 갚은 1천만 원을 어느 채무로 선택하느냐를 묻고 있습니다. 조건의 순서를 확인해 봅시다.

1. 주기로 한 날짜가 먼저인 채무를 갚은 것으로 한다.
2. 갚아야 하는 날짜를 넘겼다면 이자가 있는 채무부터, 이율이 높은 것부터 갚은 것으로 한다.
3. 이율이 같다면 갚을 날이 먼저인 것을 갚는다.

채무현황표를 볼까요? 일단은 갚기로 한 날 2010년 2월 5일보다 앞인지 뒤인지부터 따져봐야죠. E가 눈에 들어옵니다. 2월 5일보다 이행기가 늦은 3월은 볼 필요가 없죠.

A	2009. 11. 10.	0%	1천만 원
B	2009. 12. 10.	20%	1천만 원
C	2010. 1. 10.	15%	1천만 원
D	2010. 1. 30.	20%	2천만 원
~~E~~	~~2010. 3. 30.~~	~~15%~~	~~2천만 원~~

E를 제거하면 A~D는 모두 갚기로 한 날짜를 넘겼네요. 이제 이행기가 도래한 채무 밖에는 없는 겁니다. 이제는 어디를 쳐다봐야 할까요? 이율을 봐야 하겠죠. 나머지 채무는 모두 2월 5일 안에 있으니 이자가 없는 A와 이자가 낮은 C를 없애야 겠네요.

~~A~~	~~2009. 11. 10.~~	~~0%~~	~~1천만 원~~
B	2009. 12. 10.	20%	1천만 원
~~C~~	~~2010. 1. 10.~~	~~15%~~	~~1천만 원~~
D	2010. 1. 30.	20%	2천만 원

이제 B와 D가 남았군요. 이율이 같으니 다시 날짜를 비교해서 마지막 남은 조건을 적용해주면 되겠습니다. 어차피 갚기로 한 날짜가 지난 채무들인데 이율이 20% 같으니 이행기가 더 앞인 B를 갚은 것으로 해야겠습니다.

B	2009. 12. 10.	20%	1천만 원
D	~~2010. 1. 30.~~	20%	2천만 원

[정답] ②

02. 다음 글을 근거로 판단할 때, 7월 1일부터 6일까지 지역 농산물 유통센터에서 판매된 甲의 수박 총 판매액은?

21 민경채

○ A시는 농산물의 판매를 촉진하기 위하여 지역 농산물 유통센터를 운영하고 있다. 해당 유통센터는 농산물을 수확 당일 모두 판매하는 것을 목표로 운영하며, 당일 판매하지 못한 농산물은 판매가에서 20%를 할인하여 다음 날 판매한다. → 다 못 팔면 20% 싸게 판다

○ 농부 甲은 7월 1일부터 5일까지 매일 수확한 수박 100개씩을 수확 당일 A시 지역 농산물 유통센터에 공급하였다. → 매일 100개 똑같구나

○ 甲으로부터 공급받은 수박의 당일 판매가는 개당 1만 원이며, 매일 판매된 수박 개수는 아래와 같았다. 단, 수확 당일 판매되지 않은 수박은 다음 날 모두 판매되었다.
→ 첫 날 못판 20개가 만썽이겠군

날짜(일)	1	2	3	4	5	6
판매된 수박(개)	80	100	110	100	100	10

→ 수확은 1~5일인데 도표는 6일까지 있네!

① 482만 원

② 484만 원

③ 486만 원

④ 488만 원

⑤ 490만 원

🐝 따라계산 포인트

> 지문 내용과 도표를 순차적으로 처리하며 따라간다.

차분하게 주어진 규칙을 따라가면서 연산만 잘 해주면 될 것 같습니다.

1. 당일 모두 판매
2. 매일 100개씩 수확
3. 가격은 1만 원, 당일 판매 못하면 다음날 20% 할인 판매

판매현황을 봅시다. 첫 날은 80개만 팔고, 3일만 110개, 나머지는 모두 100개입니다. 첫 날 못 판 20개가 다음 날로 넘어가는 것만 주의하면 되겠습니다. 팔지 못한 수박부터 팔아야 하기 때문에 새로 수확한 수박이 연쇄적으로 다음 날로 넘어갑니다. 이 점을 유의하며 아래 각 칸에 판매된 수박의 개수를 표시합니다.

날짜(일)	1	2	3	4	5	6	총 개수	가격
판매된 수박(개)	80	100	110	100	100	10		
어제 수박(개)		20	20	10	10	10	70	8,000
새 수박(개)	80	80	90	90	90		430	1만

3일차는 제일 많이 팔아서 110개가 나갔습니다. 20개씩 다음 날로 넘어오다가 100개에서 10개를 더 팔았으니 남은 수박은 10개입니다.

따라서 당일 판매한 개수는 80+80+90+90+90=430개,
다음 날 판매한 개수는 20+20+10+10+10=70개,
당일 수확 판매한 수박가격은 430개×1만 원=430만 원,
다음 날로 넘어간 수박가격은 70개×8,000원(20% 할인)=56만 원이므로
합치면 430만 원+56만 원=486만 원입니다.

※ 좀 더 자세히 상황을 정리하면 아래와 같으니 참고하세요. 물론 이렇게 풀면 안 됩니다.

날짜(일)	1	2	3	4	5	6	총 개수
새 수박(개)	100	100	100	100	100		
새 수박+판매되지 않은 수박(개)	100	120	120	110	110	10	
판매된 총 수박(개)	80	100	110	100	100	10	
판매되지 않은 수박 =다음 날로 넘어간 수박(개)	20	20	10	10	10	0	70
판매된 새 수박(개)	80	80	90	90	90		430

[정답] ③

03. 다음 글을 근거로 판단할 때, 18시에서 20시 사이에 보행신호가 점등된 횟수는? 21 5급공채

○A시는 차량통행은 많지만 사람의 통행은 적은 횡단보도에 보행자 자동인식시스템을 설치 하였다. → 총 4분 동안은 절대 신호가 바뀌지 않는군

○보행자 자동인식시스템이 횡단보도 앞에 도착한 보행자를 인식하면 1분 30초의 대기 후 에 보행신호가 30초간 점등되며, 이후 차량통행을 보장하기 위해 2분간 보행신호는 점등 되지 않는다. 점등 대기와 보행신호 점등, 차량통행 보장 시간 동안에는 보행자를 인식하 지 않는다. → 아깝지만 점등 이후에 도착한 사람은 한참 기다려야 되겠군

점등 대기	→	보행신호 점등	→	차량통행 보장
1분 30초		30초		2분

○보행신호가 점등되기 전까지 횡단보도 앞에 도착한 사람만 모두 건넌다.

○다음은 17시 50분부터 20시까지 횡단보도 앞에 도착한 사람의 수와 도착 시각을 정리한 것이다. → 이걸 언제 다 세지? 전부 세지 않는 방법은 뭐지?

도착 시각	인원	도착 시각	인원
18:25:00	1	18:44:00	3
18:27:00	3	18:59:00	4
18:30:00	2	19:01:00	2
18:31:00	5	19:48:00	4
18:43:00	1	19:49:00	2

① 6

② 7

③ 8

④ 9

⑤ 10

공무원 PSAT 최단기 합격, 해커스PSAT **psat.Hackers.com**

⌗ 따라계산 포인트

시간이 걸리더라도 규칙을 명확히 한 후 따라간다.

1. 보행신호 점등 전까지 도착한 사람만 건널 수 있다.
2. 점등 대기+보행신호 점등+차량통행 보장까지 총 4분이 소요된다.

시간이 많이 걸리는 문제이긴 하지만 딱히 숫자를 조작해주거나 할 필요는 없는 문제입니다. 일상생활을 바탕으로 생각해봅시다. 한 번 신호가 바뀌었을 때 횡단보도까지 아깝게 살짝이라도 늦은 사람은 다음 신호까지 대기해야 합니다. 그 시간은 최소 4분입니다. 그 4분 사이에 도착한 사람은 기다렸다가 다같이 한 번에 건넙니다. 만약 한참동안 건너려는 사람이 없었다면 다음 사람이 올 때부터 다시 시작되는 거구요.

도착 시간	4분 경과 시간	인원	도착 시간	4분 경과 시간	인원
18:25:00		1		18:47:00	
18:27:00		3	18:59:00		4
	18:29:00		19:01:00		2
18:30:00		2		19:03:00	
18:31:00		5	19:48:00		4
	18:33:00		19:49:00		2
18:43:00		1			
18:44:00		3			

점등 횟수는 사람들이 몇 번 건너는지를 묻는 것과 마찬가지입니다. 그렇다면 제시된 사람이 몇 번 건너면 다 건너게 되는지만 따져주면 됩니다. 정리한 도표에서 인원의 숫자가 점등 횟수입니다. 검은 굵은 박스가 한 단위로 함께 건너는 사람이고 그 단위의 개수는 7입니다. 즉, 점등 횟수가 되는 겁니다.

※ 아래와 같이 점등 시간을 일일이 찾아서 풀게 되면 정답은 나오겠지만 현명한 풀이 방식은 아닙니다. 결코 권장할 수 없는 방식입니다만 자세히 정리하면 아래와 같으니 참고하세요.

도착 시간	점등 시간	4분 경과 시간	인원	도착 시간	점등 시간	4분 경과 시간	인원
18:25:00			1	18:44:00			3
	18:26:30				18:44:30		
18:27:00			3			18:47:00	
		18:29:00		18:59:00			4
18:30:00			2		19:00:30		
	18:30:30			19:01:00			2
18:31:00			5			19:03:00	
		18:33:00			19:04:30		
	18:34:30			19:48:00			4
18:43:00			1	19:49:00			2

[정답] ②

해커스 7급 PSAT 이준 상황판단 4주 완성

유형 3

조작계산형

유형분석

유형공략문제

01 유형 소개

이제 조작계산형을 살펴보겠습니다. 아래 분류 도표를 보세요.

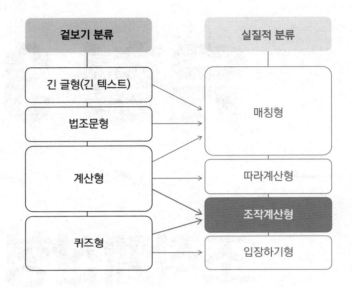

'조작계산형'이란 지문에 제시된 수치를 조작하여 정답을 도출하는 유형입니다. 이러한 문제는 겉보기로는 퀴즈형이나 원칙제시형으로 보이지만, 사고 패턴으로 유형을 분류하는 본 교재의 특성상 계산형으로 분류하였습니다. 다만 앞에서 살펴본 따라계산형보다는 더 창조적인 사고를 요구합니다.

여기서 조작이란 '어떤 일을 사실인 듯이 꾸며 만듦'이라는 부정적인 의미의 조작(造作)이 아니라 '작업 등을 잘 처리하여 행한다'는 의미의 조작(操作)입니다. 즉, 숫자를 요령있게 만져준다는 뜻입니다.

조작계산형은 문제를 읽고서 무조건 계산부터 빨리 하려고 하면 오히려 풀이가 꼬입니다. 단순 계산형과 구분하는 이유도 시험장에서 무작정 계산하려다 시간이 더 소요되는 시행착오를 줄이기 위해서입니다. '이 문제는 차분하게 따라가면서 계산하면 되겠구나. 단서와 함정을 피해서 실수만 하지 말자.'하는 유형이 따라계산형이라면, '이 문제는 일단 주어진 단서를 보면서 숫자를 조작하는 데 중점을 두어야겠구나.'하는 유형은 조작계산형입니다.

대표 기출문제(p.26)의 5, 6번 문제는 둘 다 계산한다는 점에서 동일합니다. 5번은 〈상황〉을 지문에서 제시한 도표와 연결지어 단서에 주의하면서 사칙연산을 해주면 됩니다. 하지만 6번은 단순히 따라가며 계산한다고 해결되지 않습니다. 만약 해결된다고 하더라도 시간 단축이라는 목표를 달성하려면 계산에만 의존해서는 안 됩니다.

'무엇을 계산에 포함시키고 뺄 것인가? 어디부터 계산을 해야 최댓값 또는 최솟값이 나오는가?'하는 사고는 따라가기만 하는 계산과는 분명히 다릅니다. 사칙연산만으로 끝나는게 아니라 도출된 숫자를 다시 조작해야 하는 과정을 거칩니다.

따라계산형은 얼마인지 확정값을 묻는 경우가 대부분이지만 조작계산형은 최댓값, 최솟값을 구하거나 도출한 값의 순서를 묻는 경우가 많습니다.

조작계산형은 두 단계를 거칩니다.

정보 파악 → 숫자 조작

숫자는 이미 주어져 있고, 계산을 하는 것도 어렵지는 않지만 주어진 정보를 어떻게 처리하느냐에 따라 득점 여부나 문제풀이에 소요되는 시간이 달라지므로 차분하게 정보를 파악하고서 숫자를 조작하면 됩니다.

조작계산형을 요령 없이 풀면 따라계산형으로 푸는 것이나 다름 없게 됩니다. PSAT는 시간 관리가 중요한 시험입니다. 시간만 충분하다면 어떤 유형이든 천천히 모든 경우의 수를 따져가며 풀면 답이 나올 것입니다. 하지만 제한된 시간 안에서 힘을 덜 들이고 빠르게 푸는 것이 중요하므로 주어진 숫자를 수동적으로 잘 처리하는 문제인지, 적극적으로 조작을 해야 하는 문제인지 구별하는 것은 고득점을 좌우합니다. 시험장에서 이러한 마인드의 차이는 3~5문제의 득점을 더 도와줄 것입니다.

동일한 문제를 따라계산형으로 접근하는 것과 조작계산형으로 접근하는 것이 어떤 차이가 있는지 문제를 보면서 살펴봅시다.

┌─ ✔ **핵심 체크** ─────────────────────────────────┐
│ · 조작계산형은 최대, 최소, 순서 나열 등을 묻는 경우가 많다. │
└───┘

가이드에 따라 대표 기출문제(p.27)의 06~07 문제를 풀이해 봅시다.

06. <여성권익사업 보조금 지급 기준>과 <여성폭력피해자 보호시설 현황>을 근거로 판단할 때, 지급받을 수 있는 보조금의 총액이 큰 시설부터 작은 시설 순으로 바르게 나열된 것은? (단, 4개 보호시설의 종사자에는 각 1명의 시설장(長)이 포함되어 있다) 15 5급공채

───────〈여성권익사업 보조금 지급 기준〉───────

1. 여성폭력피해자 보호시설 운영비
   ○ 종사자 1~2인 시설: 240백만 원
   ○ 종사자 3~④인 시설: <u>320백만 원</u> → 숫자가 크군! 순서에 큰 영향을 주겠어.
   ○ 종사자 ⑤인 이상 시설: <u>400백만 원</u>
   ※ 단, 평가등급이 1등급인 보호시설에는 해당 지급액의 100%를 지급하지만, 2등급인 보호 시설에는 80%, 3등급인 보호시설에는 60%를 지급한다.
2. 여성폭력피해자 보호시설 사업비
   ○ 종사자 1~3인 시설: 60백만 원
   ○ 종사자 4인 이상 시설: 80백만 원
3. 여성폭력피해자 보호시설 종사자 장려수당
   ○ 종사자 1인당 50백만 원
   ※ 단, 종사자가 5인 이상인 보호시설의 경우 시설장에게는 장려수당을 지급하지 않는다.
4. 여성폭력피해자 보호시설 입소자 간식비
   ○ 입소자 1인당 1백만 원

〈여성폭력피해자 보호시설 현황〉

보호시설	종사자 수(인)	입소자 수(인)	평가등급
A	4	7	1
B	2	8	1
C	4	10	2
D	5	12	3

① A－C－D－B
② A－D－C－B
③ C－A－B－D
④ D－A－C－B
⑤ D－C－A－B

조작계산 포인트

> 가장 큰 숫자를 조작한다.

A B C, D 모두 다 계산을 하면 답이 나오긴 합니다. 하지만 조작계산형 문제에서 무작정 따라가는 계산 방법은 시간초과라는 치명적인 단점 때문에 매우 위험합니다. 총액의 크기를 순서대로 나열하라고 했으니 차분하게 정보를 보면서 숫자를 만져줍시다.

운영비, 사업비, 장려수당, 간식비 중에서 운영비의 단위가 세 자리이므로 다른 데 시선을 뺏기지 말고 우선 운영비를 기준으로 바라봅시다. 단위는 모두 같으므로 백만원 단위는 떼어버립니다.

A는 종사자 4인이고 운영비는 320인데 1등급이니 지급액을 100% 받습니다.
D의 종사자 5인이고 3등급이므로 400의 60%인 240을 받습니다.

이후 사업비 숫자를 만져주려고 봤더니 둘 다 4인 이상이므로 같네요. 장려수당 역시 5인 이상이면 시설장을 빼니까 4명으로 동일합니다. 따라서 선택지 ①과 ②에서 C와 D의 우열만 가려주면 됩니다. D의 사업비는 이미 앞에서 240이었고 C는 종사자 4인인데 2등급이므로 320의 80%인 256을 받습니다.

따라서 A-C-D-B입니다.

[정답] ①

07. 다음 글을 근거로 판단할 때, <그림 2>의 정육면체 아랫면에 쓰인 36개 숫자의 합은?

18 민경채

정육면체인 하얀 블록 5개와 검은 블록 1개를 일렬로 붙인 막대를 30개 만든다. 각 막대의 윗면에는 가장 위에 있는 블록부터, 아랫면에는 가장 아래에 있는 블록부터 세어 검은 블록이 몇 번째 블록인지를 나타내는 숫자를 쓴다. 이런 규칙에 따르면 〈그림 1〉의 예에서는 윗면에 2를, 아랫면에 5를 쓰게 된다.

다음으로 검은 블록 없이 하얀 블록 6개를 일렬로 붙인 막대를 6개 만든다. 검은 블록이 없으므로 윗면과 아랫면 모두에 0을 쓴다.

이렇게 만든 36개의 막대를 붙여 〈그림 2〉와 같은 큰 정육면체를 만들었더니, 윗면에 쓰인 36개 숫자의 합이 109였다. → 이 정보를 왜 알려줬을까?

<그림 1>   <그림 2>

   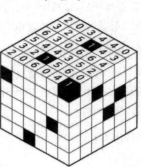

① 97

② 100

③ 101

④ 103

⑤ 104

> 단서가 간단하다면 그 자체에서 정답이 나온다.

시험장에서 당황한 나머지 문제를 그냥 넘어갈 수는 없고 일일이 따라가는 방식으로 계산하면 다음과 같이 풀게 됩니다. 물론 바람직하지 않지만 답은 나옵니다.

- 윗면의 1을 모두 찾으면 3개, 그 막대의 바닥은 (7−1)이므로 (7−1)×3개=18
- 윗면의 2를 모두 찾으면 5개, 그 막대의 바닥은 (7−2)이므로 (7−2)×5개=25
- 윗면의 3을 모두 찾으면 6개, 그 막대의 바닥은 (7−3)이므로 (7−3)×6개=24
- 윗면의 4를 모두 찾으면 7개, 그 막대의 바닥은 (7−4)이므로 (7−4)×7개=21
- 윗면의 5를 모두 찾으면 4개, 그 막대의 바닥은 (7−5)이므로 (7−5)×4개=8
- 윗면의 6을 모두 찾으면 3개, 그 막대의 바닥은 (7−6)이므로 (7−6)×5개=5

따라서 18+25+24+21+8+5=101

하지만 이렇게 풀면 안 됩니다. 하다가 중도에 포기할 수도 있고 정답이 나왔더라도 시간을 너무 허비하니까요. 숫자를 조작해주는 방식을 택하여 풀어봅시다.

윗면에 쓰인 36개 숫자의 합이 109라는 단서를 왜 줬을까요? 어떤 블록이든 블록의 윗면의 숫자와 아랫면의 숫자를 더하면 7입니다. 블록이 모두 36개인데 윗면과 아랫면 모두 0인 블록이 6개이므로 7×30=210입니다. 윗면의 합이 총 109라고 친절하게 알려줬으므로 210−109=101이 됩니다.

부지런히 따라가며 열심히 계산해주는 것도 방법일 수 있지만 숫자를 조작하여 풀어주면 시간이 단축됩니다. 사고작용을 기준으로 문제를 분류하고 공부하는 이유가 여기에 있습니다.

[정답] ③

01. 다음 글의 ⊙과 ⓒ에 해당하는 수를 옳게 짝지은 것은? 21 7급공채

> 甲담당관: 우리 부서 전 직원 57명으로 구성되는 혁신조직을 출범시켰으면 합니다.
>
> 乙주무관: 조직은 어떻게 구성할까요?
>
> 甲담당관: 5~7명으로 구성된 10개의 소조직을 만들되, 5명, 6명, 7명 소조직이 각각 하나 이상 있었으면 합니다. 단, 각 직원은 하나의 소조직에만 소속되어야 합니다.
>
> 乙주무관: 그렇게 할 경우 5명으로 구성되는 소조직은 최소 (⊙)개, 최대 (ⓒ)개가 가능합니다.

	⊙	ⓒ
①	1	5
②	3	5
③	3	6
④	4	6
⑤	4	7

다음 글을 근거로 판단할 때, 甲이 잃어버린 인물카드의 수는?

甲은 이름, 성별, 직업이 기재된 인물카드를 모으고 있다. 며칠 전 그 중 몇 장을 잃어버렸다. 다음은 카드를 잃어버리기 전과 후의 상황이다.

〈잃어버리기 전〉
○ 남성 인물카드를 여성 인물카드보다 2장 더 많이 가지고 있다.
○ 가지고 있는 인물카드의 직업은 총 5종류이며, 인물카드는 직업별로 최대 2장이다.
○ 가수 직업의 인물카드는 1장만 가지고 있다.

〈잃어버린 후〉
○ 잃어버린 인물카드 중 2장은 직업이 소방관이다.
○ 가수 직업의 인물카드는 잃어버리지 않았다.
○ 인물카드는 총 5장 가지고 있으며, 직업은 4종류이다.

① 2장
② 3장
③ 4장
④ 5장
⑤ 6장

03. 다음 글을 근거로 판단할 때, 甲이 통합력에 투입해야 하는 노력의 최솟값은?

○ 업무역량은 기획력, 창의력, 추진력, 통합력의 4가지 부문으로 나뉜다.

○ 부문별 업무역량 값을 수식으로 나타내면 다음과 같다.

부문별 업무역량 값
= (해당 업무역량 재능 × 4) + (해당 업무역량 노력 × 3)
※ 재능과 노력의 값은 음이 아닌 정수이다.

○ 甲의 부문별 업무역량의 재능은 다음과 같다.

기획력	창의력	추진력	통합력
90	100	110	60

○ 甲은 통합력의 업무역량 값을 다른 어떤 부문의 값보다 크게 만들고자 한다. 단, 甲이 투입 가능한 노력은 총 100이며 甲은 가능한 노력을 남김없이 투입한다.

① 67

② 68

③ 69

④ 70

⑤ 71

가이드 & 정답

01. 다음 글의 ㉠과 ㉡에 해당하는 수를 옳게 짝지은 것은?

> 甲담당관: 우리 부서 전 직원 57명으로 구성되는 혁신조직을 출범시켰으면 합니다.
>
> 乙주무관: 조직은 어떻게 구성할까요?
>
> 甲담당관: 5~7명으로 구성된 10개의 소조직을 만들되, 5명, 6명, 7명 소조직이 각각 하나 이상 있었으면 합니다. 단, 각 직원은 하나의 소조직에만 소속되어야 합니다.
>
> 乙주무관: 그렇게 할 경우 5명으로 구성되는 소조직은 최소 (㉠)개, 최대 (㉡)개가 가능합니다.

	㉠	㉡
①	1	5
②	3	5
③	3	6
④	4	6
⑤	4	7

 **조작계산 포인트 1**

> 주어진 수치로 정보를 파악하고 난 후 조작해야 할 숫자를 확인한다.

주어진 단서를 정리하면 다음과 같습니다.

1. 총원 57명
2. 소조직 10개는 5명, 6명,7명으로 이루어진다.

숫자를 만져줍시다. 5명, 6명,7명으로 구성된 소조직이 최소 1개는 있으므로 5+6+7=18명은 이미 배정됐네요. 이를 표로 간단히 정리해보면 아래와 같습니다.

총원	57명		
소조직 인원	5명	6명	7명
소조직 개수	1개	1개	1개
	?	?	?

→ 18명
→ 39명

57명에서 배정된 18명을 뺀 39명으로 세 군데에 배정을 해주어야 합니다. 여러 가지 경우가 나오는데 39를 5, 6, 7로 쪼개가며 만져줍시다.

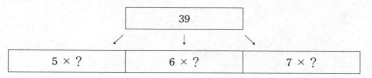

 **조작계산 포인트 2**

> 확실한 수치를 기준으로 계산한다.

숫자의 합은 무조건 39죠. 이때 5가 30이라고 하면 합이 39가 나올 리가 없고, 25라고 하면 39-25=14인데 6으로 맞아떨어지니까 가능한 경우네요. 5명으로 구성되는 소조직의 최대 숫자는 5입니다. 이미 5명 배정된 조가 1개 있으니 최대는 6입니다. 선택지를 보니 ③과 ④가 남네요.

 **조작계산 포인트 3**

> 최소인 경우를 찾아 숫자를 조작한다.

최소 개수는 3개냐 4개냐가 문제네요. 총합이 39인데 5명 조직이 2개라고 하면, 5×2=10이고 39-10=29이므로 6과 7로 조합이 가능한 경우가 없습니다. 따라서 5명으로 구성되는 소조직의 최소 개수는 3입니다. 그런데 이미 배정된 조가 1개 있으니 4개네요. 따라서 최소 개수는 4개, 최대 개수는 6개입니다.

[정답] ④

02. 다음 글을 근거로 판단할 때, 甲이 잃어버린 인물카드의 수는?

甲은 이름, 성별, 직업이 기재된 인물카드를 모으고 있다. 며칠 전 그 중 몇 장을 잃어버렸다. 다음은 카드를 잃어버리기 전과 후의 상황이다.

〈잃어버리기 전〉
o 남성 인물카드를 여성 인물카드보다 2장 더 많이 가지고 있다.
o 가지고 있는 인물카드의 직업은 총 5종류이며, 인물카드는 직업별로 최대 2장이다.
o 가수 직업의 인물카드는 1장만 가지고 있다.

〈잃어버린 후〉
o 잃어버린 인물카드 중 2장은 직업이 소방관이다.
o 가수 직업의 인물카드는 잃어버리지 않았다.
o 인물카드는 총 5장 가지고 있으며, 직업은 4종류이다.

① 2장
② 3장
③ 4장
④ 5장
⑤ 6장

⚙️ 조작계산 포인트 1

> 잃어버린 후 인물카드는 총 5장이다.

잃어버린 카드 수를 묻고 있습니다. 황급히 단서를 정리하려고 하지 말고 먼저 생각을 해봅시다. 잃어버린 수를 알려면 원래의 카드 숫자에서 분실한 후의 카드 숫자를 빼면 됩니다. 분석이 끝났으니 숫자를 조작해줍니다.

잃어버린 후 카드 수를 알고 있으므로 잃어버리기 전에 몇 장인지만 알면 됩니다. 몇 장인지 정확히는 알 수 없지만 단서는 있습니다. 각 직업 당 최대 2장을 가질 수 있습니다. 10장이 되죠? 그런데 가수는 1장이었습니다. 그러면 최대 9장이네요.

⚙️ 조작계산 포인트 2

> 잃어버리기 전 인물카드는 최대 9장이다.

잃어버리기 전에 최소 몇 장을 가져야 할까요? 잃어버린 후가 5장인데 그게 소방관 2장을 잃어버린 상태니까 7장은 되어야 하는 거네요. 즉, 분실하기 전의 카드의 개수는 7장, 8장, 9장이 가능합니다.

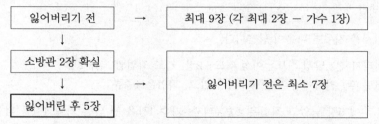

남성 카드가 여성 카드보다 2장 더 많았고, 잃어버리기 전의 카드 수는 짝수입니다. 7장, 8장, 9장 중에서 짝수는 8장이고, 남은 개수는 5장이니 잃어버린 카드의 수는 (8−5)=3장입니다.

※ 이 문제 역시 숫자를 조작해주지 않고 따라가기형으로 풀면 나락에 빠집니다. 바람직하지 않은 풀이지만 실제로 시험장에서 당황하면 다음과 같이 풀 수도 있습니다. 참고만 하시기 바랍니다.

잃어버린 카드의 수를 물어보면서 잃어버리기 전과 잃어버린 후의 상황을 보여주고 있습니다. 주어진 단서를 정리하게 될 것이고 잃어버리기 전의 상황을 정리하면 다음과 같습니다.

• 남성 카드=여성 카드+2장
• 카드 직업 총 5종류, 카드 직업별 최대 2장
• 가수 카드는 1장

아직 막연합니다. 이번에는 잃어버린 후의 상황을 정리해봅니다.

- 잃어버린 카드 2장 직업이 소방관
- 가수 카드는 분실 x
- 잃어버린 후에 총 5장 남았고, 직업은 4종류

직업의 종류는 총 5종류라고 했으니 5칸 나누고 채워가기 시작합니다. 확정적인 단서부터 채우게 마련이므로 채우는 순서가 이렇게 될 겁니다. 잃어버리기 전의 '가수 카드는 1장'이고 잃어버린 후에도 가수 카드는 잃어버리지 않았다는게 눈에 들어오네요. 채웁니다.

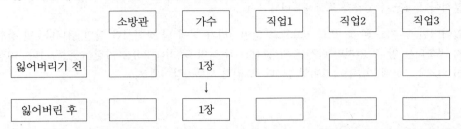

	소방관	가수	직업1	직업2	직업3
잃어버리기 전		1장			
↓		↓			
잃어버린 후		1장			

그리고 소방관 2장을 잃어버렸다고 하는데 잃어버리기 전에 각 카드별로 최대 2장이니까 또 채웁니다.

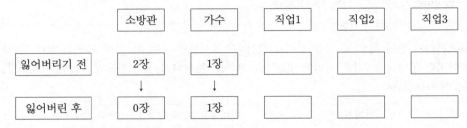

	소방관	가수	직업1	직업2	직업3
잃어버리기 전	2장	1장			
↓	↓	↓			
잃어버린 후	0장	1장			

써먹은 단서를 지우면 다음이 남습니다.

- 〈잃어버리기 전〉 남성 카드=여성 카드+2장, 카드 직업별 최대 2장
- 〈잃어버린 후〉 잃어버린 후에 총 5장 남았고, 직업은 4종류

잃어버린 후에 5장 남았고 직업은 4종류니까, 가수 1장을 뺀 남은 카드 4장을 남은 직업1, 직업2, 직업3에 2장, 1장, 1장으로 배분해봅니다. 직업 하나는 2장이 배정되어야 하겠죠.

	소방관	가수	직업1	직업2	직업3
잃어버리기 전	2장	1장			
↓	↓	↓	↓	↓	↓
잃어버린 후	0장	1장	2장	1장	1장

그렇다면 직업1은 카드를 잃어버리지 않은 겁니다.

	소방관	가수	직업1	직업2	직업3
잃어버리기 전	2장	1장	2장	?	?
↓	↓	↓	↓	↓	↓
잃어버린 후	0장	1장	2장	1장	1장

잃어버린 카드의 수는 소방관이 2장, 가수는 없고, 직업1은 1장입니다. 이제 문제는 직업2와 직업3이 원래 몇 개의 카드를 가지고 있었느냐입니다. 사용하지 않은 단서가 딱 하나입니다. 남성 카드가 여성 카드보다 2장 더 많았다는 것! 이게 무슨 의미일까요? 카드는 반드시 남성과 여성으로 이루어져 있으니 카드를 모두 합치면 잃어버리기 전 카드의 수는 무조건 짝수임을 의미합니다. 그렇다면 소방관 짝수, 가수 홀수, 직업1 짝수니까 직업2와 직업3을 합치면 홀수여야 하고, 각각 1장, 2장이라는 뜻입니다. 1장과 2장을 직업2와 직업3에 배분합니다.

잃어버린 카드의 수는 소방관 2장, 직업3의 1장이니까 총 3장입니다. 이렇게 한다고 답이 나오지 않는 건 아니지만 맞혀봐야 상처뿐인 영광입니다.

03. 다음 글을 근거로 판단할 때, 甲이 통합력에 투입해야 하는 노력의 최솟값은?

○ 업무역량은 기획력, 창의력, 추진력, 통합력의 4가지 부문으로 나뉜다.
○ 부문별 업무역량 값을 수식으로 나타내면 다음과 같다.

> **부문별 업무역량 값**
> =(해당 업무역량 재능×4)+(해당 업무역량 노력×3)
> ※ 재능과 노력의 값은 음이 아닌 정수이다.

○ 甲의 부문별 업무역량의 재능은 다음과 같다.

기획력	창의력	추진력	통합력
90	100	110	60

○ 甲은 통합력의 업무역량 값을 다른 어떤 부문의 값보다 크게 만들고자 한다. 단, 甲이 투입 가능한 노력은 총 100이며 甲은 가능한 노력을 남김없이 투입한다.

① 67
② 68
③ 69
④ 70
⑤ 71

조작계산 포인트 1

주어진 정보와 규칙을 분석한다.

1. 부문별 업무역량 =(해당 업무역량 재능×4)+(해당 업무역량 노력×3)
2. 통합력의 업무역량 값을 제일 큼
3. 노력은 총 100이며 남김없이 투입

쉽게 와 닿지 않으니, 표로 다시 정리해봅시다.

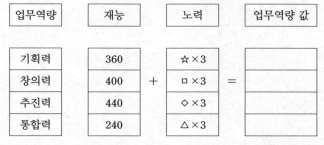

업무역량	재능		노력		업무역량 값
기획력	360		☆×3		
창의력	400	+	□×3	=	
추진력	440		◇×3		
통합력	240		△×3		

아하! 빈 자리 ☆, □, ◇, △에 숫자를 넣겠다는 얘기군요. 그리고 그 배분한 숫자의 합은 100이라는 거구요. 그런데 통합력 숫자를 가장 크게 만들려면 △자리에 들어갈 숫자가 무엇이냐는 얘기입니다. 규칙을 이해하기가 쉽지 않은 문제였습니다. 이제 숫자 조작만 해주면 됩니다.

조작계산 포인트 2

최소 숫자를 찾는다.

현재 제일 큰 숫자는 추진력의 440입니다. 따라서 통합력의 업무역량 값은 최소한 441이어야 합니다. 일단 추진력의 ◇에 0을 주어야 합니다. 제일 큰 숫자가 되는 것을 막아야 하니까요. 현재 통합력은 240이 확보됐으니 440−240=200입니다. 3을 곱해서 200 이상 나오려면 67이네요. 67×3=201이고 통합력의 업무력량 값은 441이 됩니다.

[정답] ①

해커스 7급 PSAT 이준 상황판단 4주 완성

유형 4

입장하기형

유형분석
유형공략문제

이제 입장하기형을 살펴보겠습니다.

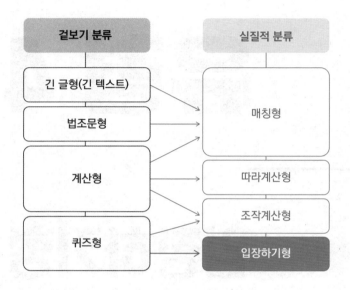

따라계산형이든 조작계산형이든 계산형은 숫자에 치중하는 반면, 입장하기형은 규칙 자체에 초점을 두는 문제입니다. 매우 생소한 규칙을 제시하기 때문에 그 규칙을 파악하면 문제를 풀 수 있지만 그렇지 않다면 속수무책이라는 특징이 있습니다. 계산형은 숫자를 다루거나 숫자를 조작하는 데 초점을 두는 데 반해 퀴즈는 아이디어 그 자체를 중시합니다. 그래서 보통 문제 풀이 초반부터 어려움을 겪습니다.

일반적으로는 조작계산형을 퀴즈형으로 분류하기도 하는데, 생소한 규칙이 제시된 것이 아니라 단순히 숫자를 꿰어맞추는 것을 어렵게 하는 문제는 조작계산형으로 분류하였습니다. 어차피 내 두뇌가 어려움을 느끼는 것은 숫자조작이지 생소한 규칙이 아니니까요.

입장하기형에도 숫자가 나타나지만 연산보다는 새로운 규칙을 파악하는 데 출제의 초점이 있습니다. 퀴즈라는 명칭은 포괄적이고 애매해서 본 교재는 퀴즈를 매우 좁은 의미로 설정하고 이를 입장하기형이라고 보는 것입니다.

02 접근 방법

퀴즈라고 부르는 입장하기형은 시험장에서 우리에게 큰 혼란을 안겨줍니다. 어디서부터 시작해야 할지 해법을 몰라 당혹스럽고 어리둥절한 것이 마치 새로운 세계에 들어온 것 같은 느낌이라서 명칭을 '(새로운 세계로) 입장하기'라고 붙인 것입니다.

이 유형은 출제 소재도 매우 다양합니다. 자리 배치하기, 순서 맞추기, 참과 거짓말, 위치 파악하기 등 제한이 없습니다. 숫자가 등장하더라도 우리가 아는 사칙연산이라기보다는 규칙을 설정하기 위해 제시되는 경우가 많습니다. 예를 들어 시계나 달력이 등장하더라도 우리가 일상생활에서 접하는 개념과는 다소 다릅니다. 아주 심한 경우는 '달나라의 시계는 이렇게 흐른다' 와 같이 전혀 다르게 포장되어 제시됩니다.

이러한 유형의 문제를 만났을 때 우리도 아예 자세를 바꿔서 어렵다는 생각마저 버리고 새로운 세계로 들어간다는 마음을 가져보면 어떨까요?

✓ 핵심 체크

· 아예 낯선 세계이므로 놀라거나 긴장하지 말자.
· 로마에서 로마법을 따르듯, 새 규칙부터 이해하자.

가이드에 따라 대표 기출문제(p.29) 08 문제를 풀이해 봅시다.

08. 다음 글을 근거로 판단할 때, 마지막에 송편을 먹었다면 그 직전에 먹은 떡은? 　　15 5급공채

> 원 쟁반의 둘레를 따라 쑥떡, 인절미, 송편, 무지개떡, 팥떡, 호박떡이 순서대로 한 개씩 시계방향으로 놓여 있다. 이 떡을 먹는 순서는 다음과 같은 규칙에 따른다. 특정한 떡을 시작점(첫 번째)으로 하여 시계방향으로 떡을 세다가 여섯 번째에 해당하는 떡을 먹는다. 떡을 먹고 나면 시계방향으로 이어지는 바로 다음 떡이 새로운 시작점이 된다. 이 과정을 반복하여 떡이 한 개 남게 되면 마지막으로 그 떡을 먹는다.

① 무지개떡

② 쑥떡

③ 인절미

④ 팥떡

⑤ 호박떡

입장 포인트 1

> 지문에서 문제풀이에 적용해야 할 핵심 규칙을 찾아 정리한다.

원 쟁반이 나오고 시계 방향이라는 표현이 나왔다고 해서 동그라미부터 그릴 필요는 없습니다. 물론 시각적으로 보여야 심리적으로 편안함을 느낄 수 있기는 하죠. 하지만 퀴즈의 특징이 아이디어를 이해하는 것이 중요하다는 점이기 때문에 너무 있는 그대로 표시하기보다는 차분하게 규칙을 읽어줄 필요가 있습니다.

이 지문에서 중요한 조건은 다음 세 가지입니다.

1. 어떤 떡부터 시작해서 시계방향으로 여섯 번째 떡을 먹는다.
2. 먹은 떡의 시계방향 바로 다음 떡부터 시작해서 여섯 번째 떡을 먹는다.
3. 이 과정을 반복하여 떡이 한 개 남게 되면 마지막으로 그 떡을 먹는다.

입장 포인트 2

> 발문에서 묻는 것이 무엇인지 정확히 파악한다.

발문에서는 마지막에 송편을 먹었다면 그 직전에 먹은 떡이 뭐냐고 묻습니다. 무슨 말인지 쉽게 와 닿지 않습니다. 하지만 송편에 너무 얽매일 필요는 없습니다. 왜냐하면 먹는 시작점만 달라질 뿐이므로 어떻게 떡이 제거되는지, 즉 먹어서 없어지는지를 체크하면 되기 때문입니다.

• 쑥떡을 첫 번째로 먹을 경우

떡	쑥떡	인절미	송편	무지개떡	팥떡	호박떡
순서	2	4	3	6	5	1

송편을 마지막 여섯 번째에 먹어야 하므로 위 표에서 송편이 여섯 번째 순서가 될 수 있도록 순서를 한 칸씩 왼편으로 당겨주면 됩니다.

• 송편을 마지막 여섯 번째에 먹을 경우

떡	쑥떡	인절미	송편	무지개떡	팥떡	호박떡
순서	4	3	6	5	1	2

[정답] ①

유형분석 **93**

01. 행정관 A, B, C는 각각 영국, 프랑스, 스위스를 현지 조사 방문했다. 다음 글은 이에 대해 甲, 乙, 丙, 丁이 진술한 내용이다. 이 중 두 명의 발언은 참이지만 나머지 두 명은 거짓일 때, 확실하게 알 수 있는 것은?

> 甲: A행정관은 영국을 방문했다.
> 乙: A행정관은 프랑스를, B행정관은 영국을 방문했다.
> 丙: B행정관이 방문한 나라는 스위스가 아니다.
> 丁: C행정관이 방문한 나라는 프랑스가 아닐 것이다.

① A행정관은 스위스, B행정관은 영국을 방문했다.
② A행정관은 프랑스, B행정관은 스위스를 방문했다.
③ B행정관은 프랑스, C행정관은 영국을 방문했다.
④ B행정관은 스위스, C행정관은 프랑스를 방문했다.
⑤ C행정관은 영국, A행정관은 프랑스를 방문했다.

02. 다음 글을 근거로 판단할 때, B구역 청소를 하는 요일은?

> 甲레스토랑은 매주 1회 휴업일(수요일)을 제외하고 매일 영업한다. 甲레스토랑의 청소시간은 영업일 저녁 9시부터 10시까지이다. 이 시간에 A구역, B구역, C구역 중 하나를 청소한다. 청소의 효율성을 위하여 청소를 한 구역은 바로 다음 영업일에는 하지 않는다. 각 구역은 매주 다음과 같이 청소한다.
> ○A구역 청소는 일주일에 1회 한다.
> ○B구역 청소는 일주일에 2회 하되, B구역 청소를 한 후 영업일과 휴업일을 가리지 않고 이틀 간은 B구역 청소를 하지 않는다.
> ○C구역 청소는 일주일에 3회 하되, 그 중 1회는 일요일에 한다.

① 월요일과 목요일
② 월요일과 금요일
③ 월요일과 토요일
④ 화요일과 금요일
⑤ 화요일과 토요일

03. 다음 <조건>과 <정보>를 근거로 판단할 때, 곶감의 위치와 착한 호랑이, 나쁜 호랑이의 조합으로 가능한 것은?

14 5급공채

─〈조 건〉─

○착한 호랑이는 2마리이고, 나쁜 호랑이는 3마리로 총 5마리의 호랑이(甲~戊)가 있다.

○착한 호랑이는 참말만 하고, 나쁜 호랑이는 거짓말만 한다.

○곶감은 꿀단지, 아궁이, 소쿠리 중 한 곳에만 있다.

─〈정 보〉─

甲: 곶감은 아궁이에 있지.

乙: 여기서 나만 곶감의 위치를 알아.

丙: 甲은 나쁜 호랑이야.

丁: 나는 곶감이 어디 있는지 알지.

戊: 곶감은 꿀단지에 있어.

	곶감의 위치	착한 호랑이	나쁜 호랑이
①	꿀단지	戊	丙
②	소쿠리	丁	乙
③	소쿠리	乙	丙
④	아궁이	丙	戊
⑤	아궁이	甲	丁

04. 甲시험에 응시한 A~G 중 단 2명이 합격했다. 7명의 합격, 불합격에 대해서 각 사람은 다음과 같이 발언하였지만 진실을 이야기하고 있는 사람은 2명이고 나머지 5명은 거짓말을 했음이 밝혀졌다. 합격한 2명은?

A: 나는 합격했다.
B: 합격한 것은 C와 F이다.
C: 나도 D도 불합격했다.
D: B나 G 중 적어도 1명은 합격했다.
E: C나 F 중 적어도 1명은 불합격했다.
F: C나 D 중 적어도 1명은 합격했다.
G: B는 거짓말을 하고 있다.

① A와 D
② B와 E
③ C와 F
④ D와 G
⑤ E와 G

01. 행정관 A, B, C는 각각 영국, 프랑스, 스위스를 현지 조사 방문했다. 다음 글은 이에 대해 甲, 乙, 丙, 丁이 진술한 내용이다. 이 중 두 명의 발언은 참이지만 나머지 두 명은 거짓일 때, 확실하게 알 수 있는 것은?

甲: A행정관은 영국을 방문했다.
乙: A행정관은 프랑스를, B행정관은 영국을 방문했다.
丙: B행정관이 방문한 나라는 스위스가 아니다.
丁: C행정관이 방문한 나라는 프랑스가 아닐 것이다.

① A행정관은 스위스, B행정관은 영국을 방문했다.
② A행정관은 프랑스, B행정관은 스위스를 방문했다.
③ B행정관은 프랑스, C행정관은 영국을 방문했다.
④ B행정관은 스위스, C행정관은 프랑스를 방문했다.
⑤ C행정관은 영국, A행정관은 프랑스를 방문했다.

입장 포인트 1

> 甲이 옳다고 가정했을 때, 가능한 두 가지 경우를 정리한다.

甲이 참이라면 乙이 자동으로 거짓이 됩니다. 甲이 참이고, 乙이 거짓임을 가정한다면 세명이 거짓말을 하게 됩니다. B가 참이라 하더라도 세 명이 거짓말을 하게 되죠. 따라서 참을 말하는 사람은 丙, 丁이고 A행정관은 스위스, B행정관은 프랑스, C행정관은 영국으로 갔습니다.

• 丙이 참이고, 丁이 거짓인 경우

	영국	프랑스	스위스
A행정관	○	×	×
B행정관	×	○	×
C행정관	×	×	○

• 丙이 거짓이고, 丁이 참인 경우

	영국	프랑스	스위스
A행정관	○	×	×
B행정관	×	×	○
C행정관	×	○	×

첫 번째 경우는 丙, 丁의 이야기도 참이므로, 두 명의 발언이 참이라는 전제에 모순이 생깁니다. 두번째 경우도 乙, 丙, 丁 세 명의 발언이 거짓이 되어 이것 역시 모순입니다. 따라서 甲의 발언은 거짓입니다.

 입장 포인트 2

> 乙이 옳다고 가정했을 때, 가능한 경우를 정리한다.

	영국	프랑스	스위스
A행정관	×	○	×
B행정관	○	×	×
C행정관	×	×	○

乙, 丙, 丁의 발언이 모두 참이고, 이것 역시 두 명의 발언이 참이라는 전제와 모순입니다. 甲과 乙은 모두 거짓이라고 할 수 있으며, 따라서 丙과 丁이 참이라고 할 수 있습니다. 이경우 다음의 세 가지의 경우를 생각할 수 있네요.

• 경우1

	영국	프랑스	스위스
A사무관	×	○	×
B사무관	○	×	×
C사무관	×	×	○

• 경우2

	영국	프랑스	스위스
A사무관	○	×	×
B사무관	×	○	×
C사무관	×	×	○

• 경우3

	영국	프랑스	스위스
A사무관	×	×	○
B사무관	×	○	×
C사무관	○	×	×

그러나 경우1에서는 乙도 참이고 경우2에서는 甲이 참입니다. 모두 모순입니다. 조건에 맞는 것은 경우3입니다.

02. 다음 글을 근거로 판단할 때, B구역 청소를 하는 요일은?

甲레스토랑은 매주 1회 휴업일(수요일)을 제외하고 매일 영업한다. 甲레스토랑의 청소시간은 영업일 저녁 9시부터 10시까지이다. 이 시간에 A구역, B구역, C구역 중 하나를 청소한다. 청소의 효율성을 위하여 청소를 한 구역은 바로 다음 영업일에는 하지 않는다. 각 구역은 매주 다음과 같이 청소한다.

○A구역 청소는 일주일에 1회 한다.
○B구역 청소는 일주일에 2회 하되, B구역 청소를 한 후 영업일과 휴업일을 가리지 않고 이틀 간은 B구역 청소를 하지 않는다.
○C구역 청소는 일주일에 3회 하되, 그 중 1회는 일요일에 한다.

① 월요일과 목요일
② 월요일과 금요일
③ 월요일과 토요일
④ 화요일과 금요일
⑤ 화요일과 토요일

입장 포인트 1

이 세상 레스토랑과는 다른 낯선 레스토랑으로 입장한다.

甲레스토랑이 나오네요. 어느 낯선 세상에 입장했더니 레스토랑의 안내원이 나와 새로운 규칙을 제시하고 있다고 생각해 봅시다.

1. 저희 레스토랑은 수요일만 쉽니다. 레스토랑은 A, B, C 세 구역이 있는데 영업이 끝나면 그 중 하나를 청소해야 합니다. 청소는 수요일 빼고 매일 하되, A, B, C 중 하나만 하면 됩니다.
2. 청소한 다음 날에는 청소하지 않습니다. A는 주 1회, B는 주 2회, C는 주 3회입니다.
3. B는 청소를 한 후 영업일과 휴업일을 가리지 않고 이틀간 청소를 하지 않습니다.
4. 아! 확실한 힌트 하나를 드리지요. C는 3회 중 1회는 일요일에 합니다.

단순 대응이라는 느낌이 듭니다. 표를 그리는 것이 좋겠습니다. 확실하게 제공된 단서인 수요일 휴업일과 C구역 청소하는 일요일을 채웁니다.

	월	화	수	목	금	토	일
A			×				
B			×				
C			×				○

여기서 중요한 것은 A, B, C 중 하나만 청소하면 된다는 겁니다. 그렇다면 사실은 다음과 같이 도표가 더 단순해야 하죠.

월	화	수	목	금	토	일
		×			C	

입장 포인트 2

확정적인 단서부터 먼저 확인한다.

C가 일단 두 칸을 채우고 시작할 뿐만 아니라 주3회이기 때문에 단서를 좁히기에 유리합니다. 청소한 구역은 바로 다음 영업일에는 청소하지 않는다, 즉 연달아 청소할 수 없다고 했으므로 C는 전날인 토요일도, 다음날인 월요일에도 청소를 할 수 없습니다. 과감하게 ×를 쳐줍니다.

	월	화	수	목	금	토	일
A			×				
B			×				
C	×		×			×	○

또 연달아 청소하지 않으므로 목요일, 금요일 모두 청소하지는 못하니 화요일에 청소합니다.

	월	화	수	목	금	토	일
A		×					
B		×					
C	×	○	×			×	○

화요일에 청소하면 수요일은 쉬고 다음 영업일이 목요일인데 다음 영업일에는 청소를 안 하므로 금요일에 꼼짝없이 청소합니다. C는 일사천리로 채웁니다.

	월	화	수	목	금	토	일
A		×					
B		×					
C	×	○	×	×	○	×	○

단순한 도표라면 아래와 같겠죠. A, B, C 중 하나를 청소한다고 했으므로 한 군데라도 청소를 했으면 더 청소할 필요가 없습니다. 따라서 화요일, 금요일, 일요일은 다른 구역도 청소를 안하는 날입니다. 남은 A구역과 B구역은 월요일, 목요일, 토요일만 따져줍니다.

월	화	수	목	금	토	일
C×	C	모두×	C×	C	C×	C

다시 그리면 다음과 같죠.

월	화	수	목	금	토	일
C×	╳	╳	C×	╳	C×	╳

고수라면 위의 도표를 한 칸으로 처리하겠지만 평균의 실력이라면 섬세하게 해도 무방합니다. 세 칸 모두에 ×를 채워넣자구요.

	월	화	수	목	금	토	일
A		×	×		×		×
B		×	×		×		×
C	×	○	×	×	○	×	○

입장 포인트 3

> 단어가 붙을수록 답은 간단하게 도출된다.

이제 B에 시선을 돌립니다. B는 특이한 단서가 있었어요. 주 2일을 청소하고, 청소한 뒤 2일을 청소하지 않는데 청소 안하는 날에 휴업일도 포함해서 계산합니다. 이게 결정적인 단서일 겁니다. 복잡한 단서가 알고 보면 문제를 쓰러뜨릴 결정적인 단서입니다.

	월	화	수	목	금	토	일
A		×	×		×		×
B		×	×		×		×
C	×	○	×	×	○	×	○

토요일에 청소한다고 해볼까요? 그러면 토요일 이후 2일간 청소할 수 없으므로 월요일에 ×를 넣어야 합니다. 목요일에 청소하려고 ○를 넣으면 2일간 청소할 수 없으므로 토요일 ○와 모순입니다.

	월	화	수	목	금	토	일
A		×	×		×		×
B	×	×	×	×	×	○	×
C	×	○	×	×	○	×	○

따라서 B구역 청소를 하는 요일은 월요일과 목요일입니다.

	월	화	수	목	금	토	일
A		×	×		×		×
B	○	×	×	○	×	×	×
C	×	○	×	×	○	×	○

[정답] ①

03. 다음 <조건>과 <정보>를 근거로 판단할 때, 곶감의 위치와 착한 호랑이, 나쁜 호랑이의 조합으로 가능한 것은?

14 5급공채

─────────〈조 건〉─────────
○ 착한 호랑이는 2마리이고, 나쁜 호랑이는 3마리로 총 5마리의 호랑이(甲~戊)가 있다.
○ 착한 호랑이는 참말만 하고, 나쁜 호랑이는 거짓말만 한다.
○ 곶감은 꿀단지, 아궁이, 소쿠리 중 한 곳에만 있다.

─────────〈정 보〉─────────
甲: 곶감은 아궁이에 있지.
乙: 여기서 나만 곶감의 위치를 알아.
丙: 甲은 나쁜 호랑이야.
丁: 나는 곶감이 어디 있는지 알지.
戊: 곶감은 꿀단지에 있어.

	곶감의 위치	착한 호랑이	나쁜 호랑이
①	꿀단지	戊	丙
②	소쿠리	丁	乙
③	소쿠리	乙	丙
④	아궁이	丙	戊
⑤	아궁이	甲	丁

'알 수 없음'을 활용하라.

이 문제의 가장 큰 특징은 질문에 있습니다. '조합'으로 가능한 것을 묻고 있습니다. 단서를 활용해서 하나의 경우로 확정지을 수가 없다는 뜻입니다. 경우의 수가 여러 가지가 나오기 때문에 골치가 아프죠. 일반적으로 참·거짓 문제는 모순을 찾는 것으로 해결합니다. 그런데 이 문제는 여러 가지 경우의 수가 생겨나기 때문에 모순을 찾는 것만으로는 해결이 어렵습니다. 하지만 이러한 문제도 경우의 수를 모두 따져보지 않고도 해결할 방법이 있습니다. 바로 '알 수 없음'을 활용하는 것입니다. 선택지를 먼저 보면 곶감의 위치가 나오는데 굳이 하나밖에 제시되지 않은 꿀단지부터 따져볼 이유는 없습니다. 선택지가 두 개씩 제시되는 소쿠리와 아궁이를 따져봅시다.

• 곶감이 소쿠리에 있는 경우
우선 곶감의 위치가 소쿠리에 있다고 가정합니다. 그러면 곶감이 아궁이에 있다는 甲의 발언은 거짓입니다. 乙의 발언은 '알 수 없'습니다. 참을 ○, 거짓을 ×, 알 수 없음을 ?로 표기하여 정리하면 아래와 같습니다.

甲	乙	丙	丁	戊
×	?	○	?	×

선택지 ②에서 丁이 착한 호랑이, 乙이 나쁜 호랑이라고 했는데, 도표를 보면 乙도 丁도 모두 ?(알 수 없음)입니다. 놀랍게도 그래서 정답입니다. 선택지의 조합이 나올 수만 있으면 되거든요.
선택지 ③은 丙이 나쁜 호랑이라고 했으니 성립할 수 없습니다.

• 곶감이 아궁이에 있는 경우
곶감의 위치가 아궁이인 경우를 따져보면 아래와 같습니다. 착한 호랑이가 2마리이므로 丁은 착한 호랑이입니다.

甲	乙	丙	丁	戊
○	×	×	?→○	×

선택지 ④는 丙을 착한 호랑이라고 했으니 성립하지 않습니다.
선택지 ⑤는 丁을 나쁜 호랑이라고 했으니 역시 성립하지 않습니다.

이에 따라 모든 경우의 수를 표시하면 아래와 같습니다. ?(알 수 없음)으로 표시한 다음, 착한 호랑이는 2마리이고, 나쁜 호랑이는 3마리라는 조건에 따라 다시 ○와 ×로 바꿔주면 됩니다.

	甲	乙	丙	丁	戊
소쿠리	×	?	○	?	×
아궁이	○	×	×	?→○	×
꿀단지	×	?→×	○	?→×	○

[정답] ②

유형 4 / 입장하기함   해커스 7급 PSAT 이준 상황판단 4주 완성

04. 甲시험에 응시한 A~G 중 단 2명이 합격했다. 7명의 합격, 불합격에 대해서 각 사람은 다음과 같이 발언하였지만 진실을 이야기하고 있는 사람은 2명이고 나머지 5명은 거짓말을 했음이 밝혀졌다. 합격한 2명은 누구인가?

A: 나는 합격했다.
B: 합격한 것은 C와 F이다.
C: 나도 D도 불합격했다.
D: B나 G 중 적어도 1명은 합격했다.
E: C나 F 중 적어도 1명은 불합격했다.
F: C나 D 중 적어도 1명은 합격했다.
G: B는 거짓말을 하고 있다.

① A와 D
② B와 E
③ C와 F
④ D와 G
⑤ E와 G

각 선택지를 직접 대입하여 가능 여부를 확인한다.

각각의 선택지에 따를 때 주어진 조건을 만족하는지를 기준으로 정답을 찾습니다.

① A와 D가 합격했다고 가정할 경우, A는 진실, B는 거짓, C는 거짓, D는 거짓, E는 진실, F는 진실, G는 진실이 되어 진실을 이야기하는 사람이 4명입니다. 이는 주어진 조건에서 진실을 이야기하는 사람은 2명이라는 조건에 부합하지 않으므로 오답입니다.

② B와 E가 합격했다고 가정할 경우, A는 거짓, B는 거짓, C는 진실, D는 진실, E는 진실, F는 거짓, G는 진실을 말하는 것이 되는데 이 경우 진실을 이야기하는 사람이 4명이므로 오답입니다.

③ C와 F가 합격했다고 가정할 경우, A는 거짓, B는 진실, C는 거짓, D는 거짓, E는 거짓, F는 진실, G는 거짓이므로, 진실을 2명이 이야기하게 되어 조건에 부합하며 정답입니다.

④ D와 G가 합격했다고 가정할 경우, A는 거짓, B는 거짓, C는 거짓, D는 진실, E는 진실, F는 진실, G는 진실이므로 진실을 말하는 사람이 4명이 되어 오답입니다.

⑤ E와 G가 합격했다고 가정할 경우, A는 거짓, B는 거짓, C는 진실, D는 진실, E는 진실, F는 거짓, G는 진실이므로 진실을 말하는 사람이 4명이 되어 오답입니다.

[정답] ③

해커스 7급 PSAT 이준 상황판단 4주 완성

출제 예상 모의고사

01. 다음 규정에 근거하여 판단할 때, 귀화허가를 받을 수 없는 사람은? (단, 현재는 2013년 2월 2일을 기준으로 한다)

제00조 ① 외국인이 귀화허가를 받기 위하여서는 다음 각 호의 요건을 갖추어야 한다.
 1. 5년 이상 계속하여 대한민국에 주소가 있을 것
 2. 대한민국의 「민법」상 성년일 것
 3. 자신의 자산(資産)이나 기능(能)에 의하거나 생계를 같이하는 가족에 의존하여 생계를 유지할 능력이 있을 것
② 다음 각 호의 어느 하나에 해당하는 외국인으로서 대한민국에 주소가 있는 자는 제1항 제1호·제2호 또는 제3호의 요건을 갖추지 아니하여도 귀화허가를 받을 수 있다.
 1. 부 또는 모가 대한민국의 국민인 자. 다만, 양자로서 대한민국의 「민법」상 성년이 된 후에 입양된 자는 제외한다.
 2. 대한민국에 특별한 공로가 있는 자
제00조 ① 다음 각 호의 어느 하나에 해당하는 외국인으로서 대한민국에 3년 이상 계속하여 주소가 있는 자는 귀화허가를 받을 수 있다.
 1. 부 또는 모가 대한민국의 국민이었던 자
 2. 대한민국에서 출생한 자로서 부 또는 모가 대한민국에서 출생한 자
 3. 대한민국 국민의 양자(養子)로서 입양 당시 대한민국의 「민법」상 성년이었던 자
② 배우자가 대한민국의 국민인 외국인으로서 다음 각 호의 어느 하나에 해당하는 자는 귀화허가를 받을 수 있다.
 1. 그 배우자와 혼인한 상태로 대한민국에 2년 이상 계속하여 주소가 있는 자
 2. 그 배우자와 혼인한 후 3년이 지나고 혼인한 상태로 대한민국에 1년 이상 계속하여 주소가 있는 자
 3. 제1호나 제2호의 요건을 충족하지 못하였으나, 그 배우자와의 혼인에 따라 출생한 미성년의 자(子)를 양육하고 있는 자

※ 대한민국 「민법」상 성년은 만 20세이다.

──────〈보 기〉──────

ㄱ. 미국인 A는 1990년 3월생이며, 2010년 5월 한국인 부모에게 입양되어 같은 해 6월부터 현재까지 한국에 거주하고 있다.
ㄴ. 중국인 B는 1992년 4월생이며, 2010년 1월에 귀화해 한국에 살고 있는 부모와 함께 살기 위해 한 달 전 귀국하였다.
ㄷ. 러시아인 C는 만 27세이며, 2년 전 한국인과 결혼하여 1년 전부터 한국에서 살고 있다.
ㄹ. 영국인 D는 1995년 5월 한국에서 태어나 현재까지 한국에서 살고 있으며, D의 어머니는 한국인이었으나 1993년 한국 국적을 포기하고 영국 국적을 취득하였다.

① ㄱ, ㄷ　　　　　　　　　　　② ㄴ, ㄹ
③ ㄷ, ㄹ　　　　　　　　　　　④ ㄱ, ㄴ, ㄷ
⑤ ㄴ, ㄷ, ㄹ

02. 다음 〈여권 발급 등에 관한 수수료〉를 근거로 판단할 때, 가장 많은 수수료를 지불한 사람은?

〈여권 발급 등에 관한 수수료〉

○ 전자여권 발급 수수료
  −복수여권
    5년 초과 10년 이내: 55,000원
    5년(만8세 이상): 47,000원
    5년(만8세 미만): 35,000원
    5년 미만: 15,000원
  −단수여권: 20,000원
○ 사진부착식 여권(단수여권) 발급수수료: 15,000원
○ 기타 발급 및 제증명 수수료
  −여행증명서: 사진전사식 12,000원
          사진부착식 7,000원
  −여권 유효기간 연장 재발급: 25,000원
  −기재사항 변경: 5,000원
  −여권 사실증명: 1,000원
○ 여권의 유효기간연장: 복수여권의 유효기간이 10년 미만인 경우에는 최초 발급일부터 10년이 되는 날까지 유효기간을 연장할 수 있음. 이 경우 유효기간 연장신청은 여권의 유효기간 만료 전 1년부터 만료 후 1년까지의 기간 내에 하여야 함. 단, 유효기간을 5년 이상 연장할 경우 신규발급에 준하여 수수료가 부과됨.

※ 단수여권은 유효기간이 1년 이내이며, 유효기간이 1년보다 긴 여권은 모두 복수여권에 해당한다.
※ 군미필의 남성인 경우 유효기간 6개월 미만의 단수여권만 발급 가능하다.

① 복수여권의 만료 6개월 이전에 유효기간을 3년간 연장하면서 여권에 기재된 영문성명을 바꾸고자 하는 A의 수수료

② 만 7세인 B가 유효기간 5년의 여권을 발급받으면서 여권의 발급사실을 증명받고자 하는 경우 B의 수수료

③ 여름방학 동안 가족과 해외여행을 다녀오기 위해 여권을 발급받은 15세의 남학생 C의 수수료

④ 2009년 1월 1일에 최초로 복수여권을 발급받은 이후 2013년에 다시 여권을 5년간 연장하려고 하는 만 25세인 D의 수수료

⑤ 전자여권을 사용할 수 없는 국가로 출장을 가려는 E가 사진부착식 여권 및 사진전사식 여행증명서를 발급하려고 하는 경우 E의 수수료

03. ○○건설사는 4개(A~D)의 건설 프로젝트를 계획 중이다. 다음 <공정표>와 <조건>에 근거하여 최단기간에 모든 프로젝트를 종료하려고 할 때, 총 작업일수와 지출된 추가비용의 조합으로 옳은 것은?

<공정표>

프로젝트	소요기간	최단 소요기간	1일 단축을 위한 추가비용 (단위: 만 원)
A	6	3	5,000
B	10	4	6,000
C	7	2	4,000
D	5	2	2,000

<조 건>

○ 최대 2개의 프로젝트를 동시에 진행할 수 있다.
○ C 프로젝트는 A 프로젝트가 끝난 후에만 시작될 수 있다.
○ D 프로젝트는 B 프로젝트와 C 프로젝트가 모두 끝난 후에만 시작될 수 있다.
○ 추가비용을 들여 소요기간을 단축하더라도 최단 소요기간보다 더 빨리 프로젝트를 끝낼 수는 없다.
○ 소요기간 단축을 위한 추가비용 예산은 5억 원이다.

	총 작업일수	추가비용
①	10일	3억 9천만 원
②	10일	4억 8천만 원
③	9일	4억 9천만 원
④	9일	4억 8천만 원
⑤	8일	4억 6천만 원

04. 다음 <상황>을 근거로 판단할 때 <보기>에서 옳은 것만을 모두 고르면?

─────────────〈상 황〉─────────────

　A시는 도시 내의 교차로에 감시카메라를 설치하고자 한다. 감시카메라가 교차로에 설치되면 그 교차로로 연결된 도로의 감시가 가능해진다. A시에는 다음 그림과 같은 6개의 교차로가 존재하고 이들 교차로는 8개의 도로로 연결되어 있다. 각 교차로에 감시카메라를 설치하는 비용은 아래 표와 같다.

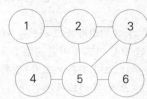

교차로	1	2	3	4	5	6
설치비용 (단위:만 원)	40	65	43	48	72	36

─────────────〈보 기〉─────────────

ㄱ. A시의 모든 도로를 감시하기 위해 필요한 최소한의 카메라 설치비용은 155만 원이다.

ㄴ. 만약 1번 교차로에 카메라를 설치할 수 없다면, A시의 모든 도로를 감시하기 위해 필요한 최소한의 카메라 설치비용은 221만 원이다.

ㄷ. 만약 5번 교차로에 카메라를 설치할 수 없다면, A시는 적어도 4개의 교차로에 카메라를 설치해야만 모든 도로의 감시가 가능하다.

ㄹ. A시의 모든 도로를 감시하기 위해 필요한 최소한의 카메라 개수는 3개이다.

① ㄱ, ㄴ

② ㄱ, ㄴ, ㄷ

③ ㄱ, ㄴ, ㄹ

④ ㄱ, ㄷ, ㄹ

⑤ ㄴ, ㄷ, ㄹ

05. 다음 <규칙>에 따라 A와 B가 카드게임을 한다. 경기 시작 전에 경기자 B가 A가 첫 번째 데크에 흰 카드를 둘 것이라는 정보를 입수했을 때, <보기>에서 옳은 것만을 모두 고르면?

<규 칙>

○각 경기자는 흰 카드, 붉은 카드, 검은 카드, 무지개 카드 1장씩을 1번부터 4번까지의 데크에 임의로 넣어둔다.
○경기자가 카드의 배열을 마친 후 데크를 열어 같은 번호의 데크에 넣어둔 카드를 비교하여 승패를 결정한다.
○상대방의 카드보다 본인의 카드가 더 강력하면 그 카드는 이겨 승점 3점을 얻고, 동일한 카드를 내어 비기면 승점 1점을 얻으며, 카드가 지면 승점 0점을 얻는다.
○흰 카드보다 붉은 카드가, 붉은 카드보다 검은 카드가, 검은 카드보다 무지개 카드가 더욱 강력하다. 그러나 무지개 카드는 오직 흰 카드에만 진다.
○4개의 데크의 승점을 합하여 더 많은 승점을 얻은 경기자가 게임에서 승리한다.

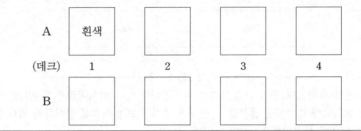

<보 기>

ㄱ. B가 첫 번째 데크에 붉은 카드를 배열하면 최소 승점 5점을 얻는다.
ㄴ. B가 첫 번째 데크에 흰 카드를 배열하면 최대 승점 6점을 얻는다.
ㄷ. B가 첫 번째 데크에 무지개 카드를 배열하여도 최종적으로 게임에서 이길 수 있다.
ㄹ. B가 첫 번째 데크에 검은 카드를 배열하면 B는 A의 첫 번째 카드 정보를 입수하고도 게임에서 패할 수 있다.

① ㄱ, ㄷ
② ㄱ, ㄹ
③ ㄴ, ㄷ
④ ㄴ, ㄹ
⑤ ㄱ, ㄷ, ㄹ

06. 로미오와 줄리엣은 집안의 감시를 피하여 데이트를 하고자 한다. 다음의 <달력>과 <조건>을 고려할 때, 이번 달 로미오와 줄리엣의 최대 데이트 횟수는?

〈달 력〉

○○○○년 7월						
일	월	화	수	목	금	토
		1	2	3	4	5
6	7	8	9			12

〈조 건〉

○ 로미오와 줄리엣은 하루 중 낮 또는 밤을 택하여 데이트를 하고자 한다.
○ 로미오는 매주 월요일 낮, 수요일 낮, 금요일 낮에 삼촌들과 함께 사냥을 나가야 한다. 그러나 매월 마지막 주에는 가문의 관례상 사냥을 쉰다.
○ 로미오는 일요일 밤에 교회에 가야 한다.
○ 줄리엣은 평일(월요일~금요일) 밤에는 가족들의 감시가 심하여 집 밖으로 외출을 할 수 없다.
○ 줄리엣은 매주 토요일 낮에 귀족들의 사교모임에 나간다.
○ 이번 달 18일부터 20일까지는 줄리엣 아버지의 자선파티가 열려 줄리엣이 하루 종일 파티에 참석해야 한다.

① 12
② 14
③ 16
④ 18
⑤ 20

07. 행정관 甲~戊가 백두산, 한라산, 내장산, 설악산 네 산을 등반하였다. 다음 <사실>을 근거로 판단할 때, 확실히 알 수 있는 것은?

<사 실>

가. 甲은 5명 중에 유일하게 내장산에 오른 적이 있다.

나. 5명 중에 乙을 포함한 3명이 한라산에 오른 적이 있다.

다. 丙은 백두산에 오른 적이 없지만 丁은 오른 적이 있다.

라. 戊는 설악산에 오른 적이 없다.

마. 5명 중에 2명은 네 산 중 세 산에 올랐다.

바. 나머지 3명이 오른 산은 네 개의 산 중 두 개의 산이다.

① 甲은 백두산에 올랐지만 설악산에는 오르지 않았다.

② 乙은 백두산 혹은 설악산 중의 하나는 오르지 않았다.

③ 丙은 한라산에는 올랐지만 설악산에는 오르지 않았다.

④ 丁은 한라산과 설악산 모두 오르지 않았다.

⑤ 戊는 백두산과 한라산 모두 올랐다.

08. A사에는 네 명의 사원 甲, 乙, 丙, 丁이 있고 이들에게 a, b, c, d의 업무를 하나씩 배정하려고 한다. 다음 <사원의 업무별 완성도 검수>를 근거로 A사가 업무완성도 총점이 가장 높아지도록 업무를 배정한다면, 이때의 총점은?

〈사원의 업무별 완성도 점수〉

(단위: 점)

사원 \ 업무	a	b	c	d
甲	90	78	45	69
乙	11	71	50	89
丙	88	90	85	93
丁	40	80	65	39

① 314

② 319

③ 327

④ 344

⑤ 351

09. 다음 글을 근거로 판단할 때, 확실히 알 수 있는 것은? (단, 체질은 태양, 태음, 소양, 소음의 네 가지 중 하나이다)

갑돌, 을순, 병국, 정민, 무연, 기혁, 경희, 신범의 체질에 대해서 A~E가 다음과 같이 말하였는데, 이 중에서 한 명만 거짓말을 하고 있음을 알게 되었다.

○ A: 갑돌, 정민, 무연, 신범은 태양인이다.
○ B: 병국, 정민, 기혁, 경희는 태음인이거나 태양인이다.
○ C: 을순, 병국, 기혁, 신범은 태음인이다.
○ D: 갑돌, 을순, 무연, 경희는 태음인이 아니다.
○ E: 병국, 정민, 무연, 경희는 소양인이나 태양인이다.

---

① 소음인은 한 명도 없다.

② 소양인은 적어도 네 명 있다.

③ 태음인은 적어도 다섯 명 있다.

④ 태음인은 세 명, 태양인은 다섯 명이다.

⑤ 태양인은 적어도 여섯 명이다.

10. 다음 <조건>과 <투표 결과>를 근거로 판단할 때, 옳은 것은?

─〈조 건〉─

네 명의 후보가 대통령 후보가 되기 위해 당내 대통령 후보 경선을 치른다.

o 경선 결과는 대의원 투표와 선거인단 투표, 여론조사를 합산하여 최종 점유율로 산출된다. 이때, 대의원 투표에서의 점유율, 선거인단 투표에서의 점유율, 여론조사에서의 점유율의 가중치를 각각 0.3, 0.4, 0.3으로 부여한다.

o 최종 점유율이 높은 순서대로 순위가 정해지고 1위인 후보가 대통령 후보가 된다.

o 최종 점유율이 동일한 후보가 두 명일 경우에는 선거인단 득표가 더 많은 후보가 더 높은 순위가 된다. 이때 선거인단 득표가 동일할 경우 대의원 득표, 여론조사 점유율이 높은 순으로 순위가 결정 된다.

〈투표 결과〉

	甲	乙	丙	丁
대의원(표)	120	60	90	30
선거인단(표)	1,250	1,000	1,750	1,000
여론조사(%)	?	40	?	?

① 丁이 여론조사에서 50% 이상 득표할 경우 반드시 대통령 후보가 된다.

② 丙은 여론조사에서 20%만 득표해도 대통령 후보가 된다.

③ 丁은 어떤 경우에도 대통령 후보가 될 수 없다.

④ 甲이 여론조사에서 20% 득표할 경우, 丁은 4위가 된다.

⑤ 丙이 여론조사에서 40% 이상 득표할 경우, 甲은 3위가 된다.

11. 다음 글에 근거할 때, 한-EU FTA에 대해 옳게 추론한 것만을 <보기>에서 모두 고르면?

> 우리나라는 FTA의 국회비준 과정에서 그 경제적 효과에 대하여 많은 논란을 겪었다. 그러나 진통 끝에 발효된 한-EU FTA는 발효 1년여가 지난 오늘날 가시적 효과를 드러내고 있다.
>
> 우리나라는 한-EU FTA를 통하여 발효 11개월간 수출은 467억 달러, 수입은 450억 달러로 17억 달러의 흑자를 기록했다. 무역 흑자폭이 크지 않고 올해 들어 대EU 수출이 계속 감소세를 보이는 이유는 유럽의 재정위기에 따라 수입수요가 감소했고, 2008년 글로벌 금융위기로 인해 선박 수주가 감소함에 따라 우리나라의 선박수출이 감소한 데 주로 기인한다. 그러나 대EU 수출에서 FTA 혜택품목과 비혜택품목의 차이는 확연히 나타난다. 자동차·자동차부품·석유제품 등 혜택품목의 수출액은 22.1% 증가한 반면, 비혜택품목의 수출액은 32.6% 감소했다. 즉 유럽 전역에 영향을 미치는 재정위기에도 불구하고 FTA 혜택품목의 수출 증가가 대EU 수출 감소세를 둔화시키는 데 기여한 것이다.

─〈보 기〉─
ㄱ. 한-EU FTA는 EU의 한국제품 수입 감소세를 둔화시켰다.
ㄴ. 한-EU FTA가 체결되지 않았다면 한국의 금년 대EU 무역수지는 적자가 되었을 것이다.
ㄷ. 대EU 수출액 중 FTA 혜택품목이 차지하는 비중은 증가하였다.
ㄹ. 한-EU FTA는 FTA 혜택품목의 수출을 늘리는 대신 비혜택품목의 수출을 감소시키는 효과가 있다.

① ㄴ
② ㄱ, ㄷ
③ ㄱ, ㄹ
④ ㄷ, ㄹ
⑤ ㄱ, ㄷ, ㄹ

12. 다음 <규칙>, <기본 단위>, <접두어>에 따라 도량형을 한글맞춤법에 맞게 사용하고자 할 때, <보기>에서 옳은 것만을 모두 고르면?

─〈규 칙〉─

○ 단위기호를 쓸 때에는 소문자, 대문자를 정확히 구분해야 한다.

○ 숫자와 단위기호는 반드시 띄어 쓴다. 단, 단위기호를 한글로 표기하여 쓸 때에는 숫자와 붙여 쓴다.

○ 단위기호는 직립체로 쓰며, 이탤릭체 또는 기운 글자체로 쓰지 않는다.

○ 접두어는 반드시 단위기호 앞에 붙여 쓴다.

〈기본 단위〉

기본량	명칭	기호
길이	미터	m
질량	그램	g
시간	초	s
전류	암페어	A
열역학적 온도	켈빈	K
물질량	몰	mol
광도	칸델라	cd

〈접두어〉

$10n$	명칭	기호
10^9	기가(giga)	G
10^6	메가(mega)	M
10^3	킬로(kilo)	k
10^{-2}	센티(centi)	c
10^{-3}	밀리(milli)	m
10^{-6}	마이크로(micro)	μ
10^{-9}	나노(nano)	n

─〈보 기〉─

ㄱ. 빛은 1초에 약 300,000 킬로미터를 움직인다.

ㄴ. 정지위성의 고도는 대략 36 Mm이다

ㄷ. 물과 산소 각각 1 mmol을 섞어 과산화수소를 만든다.

ㄹ. 태양 중심부의 온도는 약 150 MK이다.

ㅁ. 국제질량표준원기는 백금과 이리듐의 합금으로 만들어졌고 1 KG의 질량에 대한 표준으로 사용된다.

① ㄱ, ㄷ, ㅁ

② ㄱ, ㄹ, ㅁ

③ ㄴ, ㄷ, ㄹ

④ ㄴ, ㄷ, ㅁ

⑤ ㄷ, ㄹ, ㅁ

13. 다음 글을 근거로 판단할 때, <보기>에서 옳은 것만을 모두 고르면?

도시광산업은 산업폐기물에 포함된 금속을 추출해 재활용하는 산업을 뜻한다. 폐전자제품, 폐전선 등 산업폐기물은 천연광석보다 높은 비율의 광물자원을 포함하고 있다. 자원의 대부분을 수입하는 우리나라에서 이러한 도시광산 산업의 부상은 시사하는 바가 크다. 광석 채취의 효율성을 고려하면 도시광산의 폐기물이 광석에서 채취하는 원석에 비해 금속 함유비율이 훨씬 높아 경제성이 높기 때문이다. 예를 들면 금 광산의 원석 1톤에서 채취하는 금은 평균 4 g 정도이지만 휴대전화 1톤에서 추출할 수 있는 금은 약 280 g에 달한다.

〈휴대전화 1대에서 재활용 가능한 금속〉

종류	금	은	팔라듐	로듐	구리	코발트
무게(g)	0.04	0.2	0.03	0.002	14	27.4
단가(원/g)	42,112	595	11,116	54,632	885	47,507

〈보 기〉

ㄱ. 휴대전화 1톤 당 채취할 수 있는 은의 양은 약 140 g이다.
ㄴ. 700대의 휴대전화에서 채취할 수 있는 금의 양은 원석 1톤의 제련으로 얻을 수 있는 금의 양에 비해 7배 많다.
ㄷ. 휴대전화 1톤 당 가장 높은 수익을 얻을 수 있는 금속은 로듐이다.
ㄹ. 휴대전화 1톤 당 가장 많은 양을 재활용할 수 있는 금속은 코발트이다.

① ㄱ, ㄴ
② ㄱ, ㄹ
③ ㄴ, ㄷ
④ ㄴ, ㄹ
⑤ ㄷ, ㄹ

14. 다음 글을 근거로 판단할 때, <보기>에서 옳은 것만을 모두 고르면?

스페인 바르셀로나에서 가장 유명한 건축물인 사그라다 파밀리아 성당은 스페인의 세계적인 건축가 가우디(Antonio Gaudi y Cornet)가 설계하고, 직접 건축감독을 맡았다. 그의 나이 서른 살 때인 1882년 3월 19일 공사를 시작해 1926년 6월 임종까지 교회의 일부만 완성하였다. 나머지 부분은 현재까지도 계속 작업 중에 있고, 성당 전체가 완성되기까지 어느 정도의 시간이 걸릴지는 알 수 없다.

건축양식은 입체기하학에 바탕을 둔 네오고딕식이다. 원래는 가우디의 스승이 설계를 맡았으나, 1883년부터 가우디가 맡으면서 계획이 완전히 바뀌었다. 전체가 완성될 경우 성당의 규모는 가로 150m, 세로 60m이며, 예수 그리스도를 상징하는 중앙 돔의 높이는 170m 정도이다.

구조는 크게 3개의 파사드로 이루어져 있다. 파사드는 건축물의 주된 출입구가 있는 정면부를 말하는데, 가우디가 죽을 때까지 완성된 파사드는 그리스도의 탄생을 경축하는 탄생의 파사드뿐이다. 이 파사드는 가우디가 직접 감독하여 완성한 것이다. 나머지 두 개의 파사드는 수난과 영광의 파사드이다. 수난의 파사드는 1976년에 완성되었고, 영광의 파사드는 아직 착공도 되지 않았다.

3개의 파사드에는 각각 4개의 첨탑이 세워져 총 12개의 탑이 세워지며 각각의 탑은 12명의 사도를 상징한다. 모두 100m가 넘는다. 또 중앙 돔 외에 성모마리아를 상징하는 높이 140m의 첨탑도 세워진다.

성당의 재료는 석재로 가우디가 죽은 뒤 1952년까지는 작업이 중단되었다. 1953년부터 건축을 재개하였으나, 돌이 부족하여 그 뒤에는 석재 대신 인조 석재와 콘크리트를 사용하고 있다. 탑의 모양은 옥수수처럼 생겼고, 내부의 둥근 천장은 나무처럼 생긴 기둥이 떠받치고 있다. 천장은 별을 닮은 기하학적 무늬로 가득 차 있다.

〈보 기〉

ㄱ. 사그라다 파밀리아 성당은 공사를 시작한 이후에 설계자가 바뀌었다.
ㄴ. 성당에는 13개의 탑과 1개의 중앙 돔이 있다.
ㄷ. 가우디는 2개의 파사드의 착공을 보지 못하고 사망하였다.
ㄹ. 성당은 가우디가 계획한 그대로의 설계와 재료로 건축되고 있다.

① ㄱ, ㄴ
② ㄴ, ㄹ
③ ㄷ, ㄹ
④ ㄱ, ㄴ, ㄷ
⑤ ㄱ, ㄷ, ㄹ

15. 다음 글과 <상황>을 근거로 판단할 때, <보기>에서 옳은 것만을 모두 고르면?

> 헤도닉 가격모형(Hedonic Price Method: HPM)이란 환경재의 이용가치가 그 근처의 주택가격에 반영된다는 가정 하에 환경재 주변의 부동산 가격을 분석하여 간접적으로 환경재의 가치를 추정하는 기법이다. 헤도닉 가격모형은 주관적 설문조사가 아니라 시장에 현시된(revealed) 선호를 통해 환경재의 가치를 파악할 수 있다는 장점이 있다. 그러나 이 모형은 주택가격에 큰 영향을 미치는 변수가 누락될 가능성 등 분석과정에서 적지 않은 문제점이 발생할 수 있다.

〈상 황〉

> A지역에 있는 X호수는 경관이 아름답기로 유명하다. X호수의 주변에는 조망이 좋은 B아파트(5,000세대 규모)가 있으며, B아파트는 X호수를 둘러싸고 있으므로 X호수를 조망할 수 있는 건물은 B아파트뿐이다. 이 5,000세대의 아파트는 평수, 내부 구조 등 다른 모든 조건이 매우 유사하다. 그런데 최근 정부는 이 아파트의 바로 앞쪽에 넓은 면적의 방풍림을 조성하였다. 이 방풍림은 X호수의 조망을 가려 전체 아파트 중 약 1,000세대는 더 이상 호수를 바라볼 수 없게 되었고, 1,000여 세대의 아파트들은 시세가 약 1억 원 하락하게 되었다.

〈보 기〉

> ㄱ. 제시된 상황에서 다른 모든 조건이 동일하다면 X호수의 조망의 가치는 약 5,000억 원으로 추정된다.
> ㄴ. 방풍림이 조성되면서 지역 주민들이 더욱 쾌적한 자연환경을 누리게 된 효과를 고려한다면 X호수의 조망의 가치는 5,000억 원 이하일 것이다.
> ㄷ. 같은 시기에 여전히 호수를 조망할 수 있는 나머지 4,000여 세대 역시 평균시세가 3,000만 원 하락하였다면 X호수의 조망의 가치는 5,000억 원 이하일 것이다.
> ㄹ. 호수를 바라볼 수 없게 된 1,000여 세대 역시 여전히 호숫가를 산책하거나 조깅할 수 있다면 X호수의 총 이용가치는 5,000억 원 이상일 수 있다.

① ㄱ, ㄴ

② ㄱ, ㄹ

③ ㄱ, ㄴ, ㄹ

④ ㄱ, ㄷ, ㄹ

⑤ ㄴ, ㄷ, ㄹ

16. 甲~戊가 2018년 10월 6일 토요일에 있는 X외국어 시험을 접수하였다가 취소하였다. 다음 < 환불 규정> 및 <상황>을 근거로 판단할 때, 환불 금액이 가장 적은 사람은?

〈환불 규정〉

○정기접수 취소
 1. 정기접수자인 경우 정기접수기간 내에는 응시료 전액을 환불한다.
 2. 정기접수 마감 익일로부터 1주 이내에 취소신청을 하는 경우에는 일정 금액(정기접수 응시료의 70%)을 환불한다.
 3. 정기접수 마감 1주 후부터 2주 이내에 취소신청을 하는 경우에는 일정 금액(정기접수 응시료의 60%)을 환불한다.
 4. 정기접수 마감 2주 후부터 시험 전일 15시(토요일 시험인 경우 시험 전일 24시)까지 취소신청을 하는 경우에는 일정 금액(정기접수 응시료 30%)을 환불한다.
○추가접수 취소
 1. 추가접수자인 경우 추가접수기간 내에는 응시료 전액을 환불한다.
 2. 추가접수 마감 익일부터 시험 전일 15시(토요일 시험인 경우 시험 전일 24시)까지 취소신청을 하는 경우에는 일정 금액(추가접수 응시료의 25%)을 환불한다.
○환불은 취소신청 기간 마감일 기준 10일 이내 처리하는 것을 원칙으로 한다. 단, 위원회의 판단에 따라 환불 시기는 조정될 수 있다.
○할인적용 응시자의 경우, 할인된 응시료를 기준으로 환불 금액을 산정한다.
○시험 전일 15시(토요일 시험인 경우 시험 전일 24시) 이후부터는 환불이 불가능하다.

〈상 황〉

 X외국어시험의 접수는 정기접수와 추가접수로 나누어진다. 정기접수는 일반인의 경우 27,000원의 응시료를 납부하고 군인의 경우 군인할인이 적용되어 13,500원의 응시료를 납부한다. 추가접수의 경우 일반응시료에 특별취급 수수료가 5,000원 추가되고 군인할인이 불가하다.

 2018년 10월 6일 토요일에 있는 X외국어시험의 정기접수기간은 2018년 8월 27일부터 2018년 9월 16일까지이고, 추가접수기간은 2018년 9월 24일부터 2018년 9월 30일까지이다.

※ 단, 군인할인 대상은 장교, 부사관, 군무원만 해당된다.

	접수일시	취소일시	신분
① 甲:	2018.09.02	2018.09.15	장교
② 乙:	2018.09.10	2018.09.18	일반인
③ 丙:	2018.09.15	2018.10.03	육사생도
④ 丁:	2018.09.25	2018.09.29	부사관
⑤ 戊:	2018.09.27	2018.10.04	일반인

17. 다음 글을 근거로 판단할 때, <보기>에서 옳은 것만을 모두 고르면?

왕족의 무덤은 능(陵), 원(園), 묘(墓)로 나뉜다. 능은 왕과 왕비의 무덤을 이르고, 원은 왕의 사친, 왕세자와 세자빈의 무덤을 이른다. 이에 반해 묘는 대군(大君), 군(君), 공주, 옹주, 후궁 등의 무덤을 이른다. 조선 왕족의 무덤은 모두 119기인데, 이 중 능이 42기, 원이 13기, 묘가 64기이다. 조선왕릉 42기 중 남한에 있는 40기는 2009년에 유네스코 세계문화유산으로 등재되었다.

능의 형태는 봉분의 형태에 따라 여섯 가지로 나뉜다. 단릉(單陵)은 왕과 왕비 중 한 명만 매장한 능이고, 합장릉(合葬陵)은 왕과 왕비의 관을 함께 매장하여 한 개의 봉분을 조성한 능이다. 왕과 왕비를 하나의 관에 모시고 봉분을 2기로 조성한 능을 쌍릉(雙陵)이라 하고, 왕·왕비·계비 세 명의 봉분을 나란히 조성한 능을 삼연릉(三連陵)이라 한다. 한편 쌍릉의 형식이면서 봉분이 위아래로 배치된 경우도 있는데 이를 동원상하봉릉(同原上下封陵)이라 한다. 동원이강릉(同原異岡陵)은 왕과 비의 능을 정자각 배후 좌우 언덕에 조성한 능이다. 합장시 능을 바라보는 방향으로 왕을 좌측에, 왕비를 우측에 매장하였다.

조선왕릉은 단릉 15기, 쌍릉 11기, 합장릉 8기, 동원이강릉 7기, 삼연릉 1기로 구성되어 있다. 이중 조선건국 이전 태조의 부인이었던 신의왕후의 무덤(단릉)과 정종의 무덤(쌍릉)은 북한(개성)에 있다. 단릉 중 3기(태조, 단종, 중종)는 왕의 무덤이고, 헌종의 능은 유일한 삼연릉이다. 세종과 경종의 무덤은 쌍릉이면서 동원상하봉릉의 형식을 취하고 있다. 조선왕릉에는 추존왕(追尊王)의 무덤도 5기 포함되어 있는데, 이중 2기는 쌍릉, 2기는 합장릉, 1기는 동원이강릉이다. 조선왕릉은 서울·경기 지역에 39기가 분포되어 있고, 단종의 능은 강원도에 있다. 폐위된 연산군과 광해군의 무덤은 능으로 조성되지 않았다.

※ 추존왕(追尊王): 실제로 왕위에 오르지는 못했지만, 사후에 왕으로 추대되어 묘호를 받은 인물

〈보 기〉

ㄱ. 조선왕릉은 보존상태가 완벽하고 역사적 가치가 높아 42기 모두 유네스코 세계문화유산에 등재되었다.
ㄴ. 남한에 소재한 단릉은 모두 14기이고 그중 11기는 왕비의 무덤이다.
ㄷ. 연산군과 광해군의 무덤은 '묘'라고 불릴 것이다.
ㄹ. 동원상하봉릉은 모두 쌍릉의 형식을 취하고 있다.
ㅁ. 조선왕릉 42기 중 추존왕을 제외한 왕의 무덤은 모두 27기이다.

① ㄱ, ㄴ, ㄹ
② ㄱ, ㄷ, ㅁ
③ ㄴ, ㄷ, ㄹ
④ ㄴ, ㄹ, ㅁ
⑤ ㄷ, ㄹ, ㅁ

18. 다음 <○○청 민원인 전화 응대 매뉴얼>을 근거로 판단할 때, <통화내용> 중 메뉴얼에 어긋나는 것만을 모두 고르면?

〈○○청 민원인 전화 응대 매뉴얼〉

1. 전화를 받으면 먼저 소속과 성명을 밝힌 후 무엇을 도와드릴지 묻는다.
2. 민원인을 부를 때에는 이름을 직접 부르지 말고 '선생님'으로 통일하여 호칭한다.
3. 소속 부서의 민원사무인 경우에는 전화를 받은 공무원이 민원사무를 직접 처리하고, 타 부서의 사무이더라도 답변 가능한 내용이면 직접 대답한다.
4. 타 부서의 사무로서 직접 답변하기 곤란한 경우에는 담당 부서를 안내한 후 교환 의사를 물어 직접 전화를 교환(내선)하여 준다.
5. 즉시 응답하기 곤란한 민원사무의 경우에는 만 1일 내에 민원인에게 회신전화를 약속한 후 처리한다.
6. 전화를 끊기 전에 더 필요한 사항이 없는지 확인한 후 소속과 성명을 말하고 통화를 종료한다.
7. 상대방이 먼저 전화를 끊은 후에 수화기를 조용히 내려놓는다.

〈통화내용〉

공무원: 감사합니다. ○○청 △△과 □□□입니다. 무엇을 도와드릴까요? …… ㉠
민원인: 안녕하세요. 저는 관악구에 사는 김☆☆입니다. 다름이 아니라 제가 현금결제를 하고 현금영수증을 발급받지 못해서 신고하려고 하는데요. 절차가 어떻게 되나요?
공무원: 김☆☆님, 문의 주셔서 대단히 감사합니다. 말씀하신 현금영수증 발급거부 신고는 저희 ○○청 홈페이지 내의 신고서 양식을 작성하셔서, 간이영수증과 같은 지출증빙 서류와 함께 온라인으로 제출하시면 처리 가능하십니다. 다만 현금영수증 발급을 거부한 업체의 사업자등록번호를 알고 계셔야 합니다. …… ㉡
민원인: 저는 그 업체의 상호만 알고 있고 사업자등록번호를 모르는데요. 혹시 여기서 사업자등록번호를 알아볼 수도 있나요?
공무원: 네, 그렇습니다. 말씀하신 사업자등록번호 조회 사무는 ◇◇과에서 처리하고 있습니다. 담당자 연락처는 02-1234-5678 번입니다. …… ㉢
민원인: ₩그렇군요. 알겠습니다. 감사합니다.
공무원: 더 필요하신 내용은 없으십니까? …… ㉣
민원인: 네.
공무원: 감사합니다. 저는 ○○청 △△과 □□□이었습니다. 좋은 하루 보내시기 바랍니다. …… ㉤

---

① ㄱ, ㄴ
② ㄴ, ㄷ
③ ㄹ, ㅁ
④ ㄱ, ㄹ, ㅁ
⑤ ㄴ, ㄷ, ㅁ

19. 다음 글을 근거로 판단할 때, <보기>에서 옳은 것만을 모두 고르면?

> 甲회사는 화장품을 생산하는 기업으로, 화장품 브랜드를 프리미엄 제품군인 A와 보급형 제품군 B로 나누어 생산하고 있다. 제품군 A는 화장품 x, y로 구성되는데 2002년의 A군 총 매출액은 3,800억 원이고 이후 매년 200억 원씩 성장하고 있다. 한편 제품군 B는 화장품 a, b, c로 구성되어 있으며 총 매출액은 2002년 이후로 매년 10%씩 성장하여 2012년 현재 3,000억 원을 달성하였다.
>
> 이에 甲회사는 제품군 A의 매출액 증가세 둔화를 우려하여 제품군 A에 새로운 화장품 z의 출시를 고려하고 있다. 화장품 z를 출시할 경우 출시 첫 해에 500억 원의 매출액이 발생하고 이후 매년 10%씩 해당 제품 매출액이 증가할 것으로 예상된다.

<보 기>

ㄱ. 甲회사 제품 중 2012년의 화장품 매출액 1위 제품은 x 또는 y일 것이다.
ㄴ. 제품군 A와 제품군 B의 매출액 차이는 2002년 이후로 지속적으로 줄어들었다.
ㄷ. 화장품 z를 출시할 경우 향후 제품군 A의 매출액이 항상 제품군 B의 매출액을 초과하게 된다.
ㄹ. 화장품 z가 출시되고 현재와 같은 성장세가 지속된다면, 앞으로 제품군 A 중에서는 화장품 z의 매출액이 가장 많아지게 된다.
ㅁ. 화장품 z를 출시하지 않는다면 향후 총매출액에서 제품군 B의 구성비가 제품군 A의 비율을 앞지를 것이다.

① ㄱ, ㄴ
② ㄷ, ㄹ
③ ㄹ, ㅁ
④ ㄱ, ㄷ, ㄹ
⑤ ㄴ, ㄹ, ㅁ

20. ○○구청에서는 올해 태풍의 피해로 인해 부분적으로 손상된 구청건물을 복구하기 위해, 손상된 사무실을 사용하는 부서 2개를 비어있는 다른 사무실로 이동시키려고 한다. 다음 <구청 구조도>와 <조건>을 근거로 판단할 때, 이동할 부서를 올바르게 짝지은 것은?

<구청 구조도>

	301호	302호	303호	304호(손상)	305호	
좌	201호	202호	203호	204호	205호	우
	101호	102호	103호	104호	105호(손상)	

─〈조 건〉─

○ 현재 구청에는 총 9개의 부서가 사무실을 하나씩 사용하고 있으며 A,B,C부서는 1층에, D,E,F부서는 2층에, G,H,I부서는 3층에 있다.
○ A부서와 I부서는 양 옆과 위 아래로 다른 부서와 인접해 있지 않으며, 같은 열에 위치하여 있다.
○ C부서는 B부서의 오른쪽에 위치한다.
○ D부서의 위층, 아래층은 사용하지 않고 있다.
○ E부서는 203호를 사용하고 있으며 E부서와 F부서는 인접해 있다.
○ H부서와 I부서의 사이에는 사용하지 않는 사무실이 한 개 있으며, H부서의 두 층 아래 사무실은 비어있다.

① G, A

② G, C

③ H, C

④ I, B

⑤ I, C

21. 다음 글과 <조건>을 근거로 판단할 때, 甲이 네덜란드에 방문한 연도를 알기 위해 추가해야 할 전제로 가능한 것은?

> 甲은 20살이 되던 2005년에 생애 첫 해외여행을 하였다. 이때 甲은 총 3개의 나라를 여행하고 돌아왔다. 이를 계기로 여행에 취미를 가지게 된 甲은 대학교를 졸업할 때까지 매년 해외여행을 하였다. 2006년에는 2개국, 2007년에는 1개국, 2008년에는 2개국을 여행하여 4년간 총 8개국의 여행을 하게 되었다. 甲이 여행을 다녀온 나라는 미국, 영국, 프랑스, 네덜란드, 일본, 중국, 터키, 이탈리아이다.

─────〈조 건〉─────
○ 미국을 여행한 연도에 다른 국가는 여행하지 않았다.
○ 터키는 일본 여행의 직전 연도에 여행하였다.
○ 이탈리아는 중국보다 먼저 여행하지 않았다.
○ 네덜란드는 프랑스와 영국보다 나중에 여행하였다.

① 중국은 일본보다 먼저 여행하였다.
② 일본 여행을 다녀온 다음 해에 미국을 여행하였다.
③ 영국은 2006년 이전에 여행하였다.
④ 이탈리아는 2006년 이후에 여행하였다.
⑤ 터키는 2007년 이전에 여행하였다.

22. 다음 글을 근거로 판단할 때, <보기>에서 옳은 것만을 모두 고르면?

법인세란 법인의 당기 순이익에 대하여 부과하는 조세를 말한다. 이 때 법인세액은 손익계산서상의 당기순이익에 세법상 조정사항을 반영하여 산출된 과세표준에 세율을 적용하여 계산된다.

당초 우리 정부는 200억 원~500억 원의 중간 과세표준 구간을 신설하여 이 구간의 법인세율을 22%에서 20%로 내릴 예정이었다. 그러나 '부자감세' 여론을 의식한 정치권의 요청으로 결국 2억 원~200억 원 구간을 신설하여 이 구간의 법인세율을 인하하기로 했다. 법인세율의 변화는 아래 〈표〉와 같다.

※법인세는 과세표준의 크기에 따라서 차등세율을 적용하는 누진세이다.

〈표〉 법인세율의 변화

과세표준	변경 전 세율	변경 후 세율
2억 원 이하	10%	10%
2억 원 초과 200억 원 이하	22%	20%
200억 원 초과		22%

〈보 기〉

ㄱ. 당초 정부의 의도에 따른 법 개정이 이루어졌다고 할 때 과세표준이 300억 원으로 산출된 법인은 2억 원의 법인세 인하혜택을 받데 된다.

ㄴ. '부자감세' 여론을 의식한 나머지 이루어진 현재의 개정 하에서는 과세표준이 199억 원으로 산출된 법인은 감세혜택을 받는 반면, 과세표준이 201억 원으로 산출된 법인은 감세혜택을 받지 못한다.

ㄷ. 현재 법 개정에 의할 때 과세표준이 300억 원으로 산출된 법인은 3억 9,600만 원의 법인세 인하혜택을 받게 된다.

① ㄱ

② ㄷ

③ ㄱ, ㄴ

④ ㄱ, ㄷ

⑤ ㄱ, ㄴ, ㄷ

[23-24] 다음 글을 읽고 물음에 답하시오.

산업이란 "유사한 성질을 갖는 산업 활동에 주로 종사하는 생산단위의 집합"이라 정의되며, 산업 활동이란 "각 생산단위가 노동, 자본, 원료 등 자원을 투입하여 재화 또는 서비스를 생산 또는 제공하는 일련의 활동 과정"이라 정의된다. 산업 활동의 범위에는 영리적, 비영리적 활동이 모두 포함되나, 가정 내의 가사 활동은 제외된다.

한국표준산업분류(KSIC: KoreanStandard Industrial Classification)는 생산단위(사업체단위, 기업체단위 등)가 주로 수행하는 산업 활동을 그 유사성에 따라 체계적으로 유형화한 것이다. 이러한 한국표준산업분류는 산업 활동에 의한 통계 자료의 수집, 재표, 분석 등을 위해서 활동카테고리를 제공하기 위한 것으로 통계법에서는 산업통계 자료의 정확성, 비교성을 위하여 모든 통계작성기관이 이를 의무적으로 사용하도록 규정하고 있다. 한국표준산업분류는 1964년에 처음 제정된 이후 산업구조 및 기술변화를 반영하기 위하여 주기적으로 개정되어 왔는데 가장 최근의 개정은 2008년의 9차 개정(KSIC 9)으로 이는 2000년의 개정(KSIC 8) 이후 8년만이다.

분류구조는 대분류(알파벳 문자), 중분류(2자리 숫자), 소분류(3자리 숫자), 세분류(4자리 숫자), 세세분류(5자리 숫자)의 5단계로 구성된다. 대분류에는 알파벳을 사용하고 중분류의 번호는 01부터 99까지 부여하였다. 단, 중분류의 추가여지를 남겨놓기 위하여 중간에 번호 여백을 두었다. 소분류 이하 모든 분류의 끝자리 숫자는 "0"에서 시작하여 "9"에서 끝나도록 하였으며 "9"는 기타 항목을 의미한다. 상위 분류에서 명확하게 분류되어 남아 있는 활동이 없는 경우에는 기타 항목이 필요 없는 경우도 있다. 또한 각 분류단계에서 더 이상 하위분류가 세분되지 않을 때 "0"을 사용한다.(예를 들면 중분류 02/임업, 소분류 020/임업) KSIC 9는 대분류 21개, 중분류 76개, 소분류 228개, 세분류 487개, 세세분류 1,145개로 구분되어 있다.

한국표준산업분류는 산업 활동의 유형에 따른 분류이므로 경제활동에 종사하고 있는 단위에 대한 분류로 국한하고 있다. 중분류 98(달리 분류되지 않은 자가소비를 위한 가구의 재화 및 서비스 생산 활동)을 KSIC에 포함시킨 것은 비록 이 분야가 생산영역 밖에 있지만 가구의 생계활동을 측정하기 위한 중요한 틀이 되기 때문이다. 중분류 98은 노동력 조사 같은 특수목적을 위해 이용되며 일반적인 사업체 조사에서는 이용되지 않는다.

23. 윗글을 근거로 판단할 때, <보기>에서 옳은 것만을 모두 고르면?

〈보 기〉

ㄱ. 공동의 이익을 목적으로 하는 비영리 단체의 활동은 산업 활동의 범위에 포함되지 않는다.

ㄴ. 한국표준산업분류는 지금까지 총 9번 개정되었다.

ㄷ. 통계청은 통상적인 사업체기초통계조사에 의무적으로 한국표준산업분류를 사용해야 한다.

ㄹ. 가정 내의 가사 활동은 한국표준산업분류에 포함되지 않는다.

① ㄱ, ㄴ   ② ㄱ, ㄹ

③ ㄴ, ㄷ   ④ ㄴ, ㄹ

⑤ ㄷ, ㄹ

24. 윗글과 다음 <분류구조의 예>를 근거로 판단할 때, 표준산업분류의 분류구조를 잘못 이해하고 있는 사람은?

〈분류구조의 예〉

대분류 A(농업, 임업 및 어업)에 속하는 중분류는 01(농업), 02(임업), 03(어업)이다. 대분류 B(광업)의 중분류 번호는 05부터 08까지이다. 중분류 06(금속 광업)은 소분류 061(철 광업)과 062(비철금속 광업)로 세분된다. 중분류 061은 더 이상 하위분류가 세분되지 않기 때문에 세분류 번호 0610을 사용하고, 세세분류 번호의 경우 06100이 된다. 중분류 062는 다시 세분류 0621(우라늄 및 토륨 광업)과 0629(기타 비철금속 광업)로 세분되고 0621은 더 이상 세분되지 않는다. 0629는 다시 06291(금, 은 및 백금 광업), 06292(연 및 아연 광업), 06299(그외 기타 비철금속 광업)으로 세분된다.

① 진형: 대분류 A에 속하는 신산업분야가 개척된다면 그 분야는 중분류 번호 04를 사용하게 될 거야.

② 남희: 하나의 중분류를 세분하면 최대 9가지 소분류가 가능하겠군.

③ 영욱: 티타늄 광업을 따로 분류한다면 세분류 번호 0622나 세세분류 번호 06293을 사용하면 될 거야.

④ 재윤: 세분류 0621을 세분하면 06211(우라늄 광업), 06212(토륨 광업), 06219(기타 비철금속 광업)이 될 거야.

⑤ 성재: 분류번호 061, 0610, 06100은 모두 철 광업을 뜻하겠군.

25. 다음 글과 <상황>을 근거로 판단할 때, <보기>에서 옳지 않은 것만을 모두 고르면?

중앙은행 기준금리의 결정공식은 다음과 같다.

$$i_t = \pi_t + r_t^* + 0.5(\pi_t - \pi_t^*) + 0.5(y_t - y_t^*)$$

i_t = 기준금리
π_t = 물가상승률
π_t^* = 목표물가상승률
r_t^* = 실질금리
y_t = 경제성장률
y_t^* = 잠재성장률

〈상 황〉

○ 최근 중앙은행의 주요 경제지표 현황 브리핑에 따르면, 올해의 물가상승률은 3%로 중앙은행의 목표물가상승률을 정확히 달성하였다. 또한 경제성장률 역시 잠재성장률과 동일하게 4%를 정확히 달성하였다. 이로 인해 현재 중앙은행의 기준금리는 4%에서 안정적으로 유지되고 있다.

○ 그러나 내년에는 미국 및 유럽의 재정긴축으로 인하여 성장률이 둔화될 전망이다. 중앙은행 브리핑에 따르면 내년도 우리 경제는 20% 확률로 호황을 맞아 6% 성장을 할 수 있으나, 30% 확률로 잠재성장률(4%)만큼 성장하며, 50% 확률로 불황을 맞아 2% 성장을 하게 될 것이다.

○ 중앙은행의 목표물가상승률, 실질금리, 잠재성장률 수준은 내년까지 동일하게 유지될 전망이다.

〈보 기〉

ㄱ. 물가상승률이 1%p 상승하면 기준금리도 1%p 상승할 것이다.
ㄴ. 다른 조건이 올해와 동일할 때, 내년에 경기호황이 발생한다면 기준금리는 올해보다 1%p 상승할 것이다.
ㄷ. 내년의 물가상승률이 올해와 동일하다면 내년도의 기준금리의 기댓값은 올해보다 0.6%p 하락할 것이다.
ㄹ. 내년에 경기불황이 발생하고 중앙은행이 이에 대응하여 기준금리를 하락시킨다면, 내년 물가상승률은 올해보다 낮거나 같을 것이다.

① ㄱ, ㄴ

② ㄱ, ㄷ

③ ㄱ, ㄹ

④ ㄱ, ㄷ, ㄹ

⑤ ㄴ, ㄷ, ㄹ

정답 및 해설

p.112

01	①	매칭형	06	④	입장하기형	11	②	매칭형	16	⑤	매칭형	21	①	입장하기형
02	④	매칭형	07	⑤	입장하기형	12	③	따라계산형	17	③	매칭형	22	④	매칭형
03	③	따라계산형	08	④	조작계산형	13	④	따라계산형	18	②	매칭형	23	③	매칭형
04	④	따라계산형	09	⑤	입장하기형	14	①	매칭형	19	③	따라계산형	24	④	따라계산형
05	②	조작계산형	10	④	조작계산형	15	④	매칭형	20	②	입장하기형	25	④	따라계산형

01 매칭형
정답 ①

ㄱ. (×) 대한민국 국민의 양자로서 입양 당시 성년이었던 자는 대한민국에 3년 이상 계속하여 주소가 있는 경우에만 귀화허가를 받을 수 있다.

ㄴ. (○) 부 또는 모가 대한민국의 국민인 자는 요건에 관계없이 귀화허가를 받을 수 있다.

ㄷ. (×) 한국인과 결혼 후 2년 이상 한국에 거주하거나, 한국인과 결혼한 지 3년이 지나고 1년 이상 한국에 거주해야 귀화허가를 받을 수 있다.

ㄹ. (○) 부 또는 모가 대한민국의 국민이었고 대한민국에서 3년 이상 거주하였으므로 귀화허가를 받을 수 있다.

02 매칭형
정답 ④

① 유효기간 연장수수료 25,000원과 여권 기재사실 변경수수료 5,000원을 합하여 30,000원의 수수료를 지불한다.

② 유효기간 5년의 여권발급 수수료 35,000원과 여권 사실증명 수수료 1,000원을 더하여 36,000원의 수수료를 지불한다.

③ 군미필의 남성으로 단수여권만 발급 가능하므로 20,000원(사진부착식으로 발급받았다면 15,000원)의 수수료를 지불한다.

④ 유효기간을 5년 연장하는 것이므로 신규발급에 준하여 적용한다. 따라서 5년 복수여권 수수료인 47,000원을 지불한다.

⑤ 사진부착식 여권 수수료 15,000원과 사진전사식 여행증명서 수수료 12,000원을 더하여 27,000원의 수수료를 지불한다.

03 따라계산형
정답 ③

• 기간을 최대한 단축하기 위해서는 추가비용을 최대한 많이 써야 한다. 그런 의미에서 선택지 ①은 답이 될 수 없다. 사용 가능한 추가비용이 너무 많이 남기 때문이다.

• 추가비용 없이 작업한다면, A와 C가 끝나는 데 13일이 걸린다. B는 A, C와 함께 진행하여 10일에 끝낼 수 있다. 그 후 D 프로젝트 완성에 다시 5일이 걸리므로, 모두 18일의 기간이 필요하다.

• 프로젝트 D에 주목하자. 추가비용도 가장 싸고, 함께 진행되는 다른 프로젝트도 없기 때문에, 우선적으로 기간을 최대한 단축할 수 있다. 5일을 2일로 단축하는 데 드는 비용은 6,000만 원이고, 작업은 18일에서 15일로 단축된다.

• 다음은 A와 C를 13일에서 10일 이내로 단축해야 한다. 왜냐하면 함께 진행되는 B가 10일밖에 걸리지 않기 때문이다. 우선 C의 추가비용이 더 저렴하므로, C를 3일 단축해 보자. 단축하는 데 드는 비용은 1억 2천만 원이고, 전체 작업은 3일 단축되어 이제 12일이 되었다.

• 지금까지 사용한 금액은 1억 8천만 원이므로 3억 2천만 원이 남았다. 이제 작업을 더 단축하기 위해서는 B와 C를 동시에 단축해야 한다. C는 아직 이틀 더 단축할 수 있다. 동시에 두 프로젝트를 단축하려면 1일에 1억 원이 든다. 2일 단축하면 2억 원이 소모되고, 작업일수는 10일로 단축된다.

• 아직 1억 2천만 원이 남았다. 이번엔 A와 B를 동시에 단축해야 한다. C는 더 이상 단축할 수 없다. 두 프로젝트를 동시에 단축하는 데 드는 비용은 1억 1천만 원이다. 따라서 남은 예산으로 1일을 단축할 수 있다. 전체 작업일수는 9일로 줄었고, 추가비용은 4억 9천만 원이다.

04 따라계산형 정답 ④

ㄱ. (O) 주어진 그림에서 5번 교차로에 4개로 가장 많은 수의 도로가 연결되어 있으므로, 5번 교차로에 카메라를 설치하는 경우와 설치하지 않는 경우 중 어느 경우가 더욱 적은 비용이 드는지 비교한다. 이때 5번, 1번, 3번에 카메라를 설치할 경우, 설치비용이 40+43+72=155(만 원)으로 최소비용이다.

ㄴ. (×) 1번 교차로에 카메라를 설치할 수 없다면, 2, 3, 4, 6번 교차로에 설치하는 경우 최소 비용이 든다. 즉, 최소 설치비용은 65+43+48+36=192(만 원)이다.

ㄷ. (O) 5번 교차로에 카메라를 설치할 수 없다면, 5번 교차로와 연결되어 있는 교차로에는 반드시 카메라를 설치하여야 한다. 즉, 2, 3, 4, 6번 교차로에 반드시 카메라 설치를 하여야 한다. 따라서 카메라는 최소 4대가 필요하다.

ㄹ. (O) 모든 도로를 감시하기 위해서는 1, 3, 5번의 도로에 카메라를 설치해야 한다.

05 조작계산형 정답 ②

이러한 유형의 퀴즈는 4개의 순서가 실제로 어떻게 되는지와 관계없이 상대방의 카드만 이기면 되므로 상대방의 카드 순서를 임의로 흰-붉-검-무 순서라고 가정한 후에 푸는 것이 빠르다.

ㄱ. (O) A가 흰-붉-검-무 순서일 때, B가 붉-흰-검-무 순서로 두면 3점+0점+1점+1점으로 총 5점이 된다. 최소한 무지개 카드를 무승부로 만들고 나서 나머지 흰, 검은 카드를 배열하면 쉽다. 나아가, B가 첫 번째 덱에 붉은 카드를 배열하면 어떠한 경우에도 A에게 패하지 않는다는 점도 알 수 있다.

ㄴ. (×) A가 흰-붉-검-무 순서일 때, B가 흰-검-무-붉 순서로 두면 1점+3점+3점+0점으로 총 7점이 된다. 상대방보다 한 단계만 높은 카드로 이기는 것이 효율적이라는 점을 생각하면 된다.

ㄷ. (×) A가 흰-붉-검-무 순서일 때, B가 이기기 위해서는 맨 끝자리에 흰 카드를 두어 첫 번째 덱에서 잃어버린 3점을 만회해야 한다. 다른 카드를 두면 오히려 A에게 3점을 더 내어주게 된다. 그런데 이 경우 B가 무-붉-검-흰 순서로 두든, 무-검-붉-흰 순서로 두든 A와 B는 항상 동점이 된다. 따라서 B는 게임에서 A를 이길 수 없다.

ㄹ. (O) A가 흰-붉-검-무 순서일 때, B가 검-흰-붉-무 순서로 두면 3점+0점+0점+1점을 얻어 4점을 얻고, A는 7점을 얻을 것이므로 B가 패할 수 있다.

06 입장하기형 정답 ④

우선 7월의 달력이므로 31일까지 있으며, 7×4+3=31이므로 31일 목요일까지 날짜가 있음을 확인한다. 달력의 나머지 부분을 빠르게 적어 완성한 후 조건을 분석하여도 좋다. 다음으로, 요일별로 데이트 가능일을 검토해 보면 다음과 같다.

	일	월	화	수	목	금	토
낮	○	로 ×	○	로 ×	○	로 ×	줄 ×
밤	로 ×	줄리엣 ×					○

따라서 일요일 낮, 화요일 낮, 목요일 낮, 토요일 밤이 가능하고, 달력상에서 화요일과 목요일은 5번씩, 토요일과 일요일은 4번씩 있으므로 18번의 데이트가 가능하다. 여기서 줄리엣이 파티에 가는 이틀(18일은 금요일이므로 해당사항 없음)을 빼고 로미오가 사냥에 가지 않는 마지막 주 월요일과 수요일 낮을 더하면 최대 데이트 횟수는 18번이다.

07 입장하기형 정답 ⑤

㉮~㉺까지의 조건을 도표화하면 다음과 같다.

	甲	乙	丙	丁	戊
백두산		×			
한라산		○			
내장산	○	×	×	×	×
설악산					×

5명 중에 乙을 포함한 3명이 한라산에 오른 적이 있으므로 두 명 더 한라산에 간 사람이 있다. 丙과 戊는 이미 두 산에 오르지 않은 것이 밝혀졌기 때문에 ㉱ 혹은 ㉲로부터 丙은 한라산과 설악산, 戊는 백두산과 한라산에 오른 적이 있다고 판단할 수 있다. 이미 한라산에 오른 적이 있는 사람이 乙, 丙, 戊 세 명이 되었으니 ㉴로부터 甲과 丁은 한라산에 오르지 않았다는 것을 알 수 있다. ㉵ 혹은 ㉶로부터 D는 설악산에 올랐고, 따라서 甲과 乙은 백두산과 설악산에 올랐다고 결론 내릴 수 있다.

	甲	乙	丙	丁	戊
백두산	○	○	×	○	○
한라산	×	○	○	×	○
내장산	○	×	×	×	×
설악산	○	○	○	○	×

08 조작계산형 정답 ④

<사원의 업무별 완성도 점수>를 살펴보면, 丙의 경우 모든 업무에서 고르게 높은 점수를 받고 있다. 따라서 업무에 따라 고른 성과를 낼 수 없는 甲, 乙, 丁이 가장 잘 할 수 있는 업무를 배정할 수 있도록 해야 한다.
따라서 甲-a, 乙-d, 丙-c, 丁-b를 배정하면 회사 전체의 점수는 90+89+85+80=344점으로 최고점이 됨을 알 수 있다.

09 입장하기형　　　　　　　　　정답 ⑤

거짓은 한 명이라는 것에 주의하자. 을순에 대하여 C와 D는 모순, 신범에 대하여 A와 C가 모순이다. 따라서 당연히 거짓은 C이다. B와 D를 비교할 때, 둘 다 참이라는 것을 고려하면 경희는 태양인, B와 E를 고려하면 병국도 태양인이다. 을순은 태음이 아니고, 기혁는 태음 또는 태양이라는 것을 알 수 있다. 따라서 태양인은 적어도 여섯 명이라는 것이 확실하다.

10 조작계산형　　　　　　　　　정답 ④

대의원 투표에서의 점유율과 여론조사 점유율의 가중치가 0.3으로 동일하고, 선거인단 투표에서의 점유율이 0.4로 가장 높다는 점을 이용하여 문제를 해결한다. 각 후보의 득표수를 점유율로 바꾸면 아래와 같다.

	甲	乙	丙	丁
대의원	40%	20%	30%	10%
선거인단	25%	20%	35%	20%
여론조사	?	40%	?	?

① (×) 丁이 여론조사에서 50%를 득표할 경우, 乙과 丁은 대의원과 여론조사 점유율의 합이 70%, 선거인단 점유율이 20%로 최종 점유율이 동일하다. 따라서 이 경우 대의원 점유율이 더 높은 乙이 더 높은 순위를 얻게 될 것이므로 丁은 대통령 후보가 될 수 없다.
② (×) 丙이 여론조사에서 20%를 득표한 경우, 甲이 여론조사에서 40%를 득표하게 되면 甲이 丙보다 최종 점유율에서 앞서게 되므로 丙은 대통령 후보가 될 수 없다.
③ (×) 丁이 여론조사에서 60%를 득표하게 되면 대통령 후보가 될 수 있다.
④ (○) 甲이 여론조사에서 20%를 득표한다면, 남은 40%를 丙과 丁이 나누어 가지게 된다. 이 경우 丁이 40%를 모두 득표한다고 하더라도 甲과 乙에 비해서는 최종 점유율이 낮으므로, 丙과 등수를 비교하면 된다. 이때 丙과 丁은 최종 점유율이 동일하지만 선거인단 득표에서 丙이 앞서므로 丁이 4위이다. 따라서 甲이 여론조사에서 20%를 득표하면 丁은 항상 4위가 된다.
⑤ (×) 甲이 여론조사에서 40% 득표할 경우, 甲이 여론조사에서 남은 20%를 득표한다면 甲은 2위가 된다.

11 매칭형　　　　　　　　　　　정답 ②

ㄱ. (○) 한국의 대EU 수출 감소세가 둔화되었으므로 EU의 대한국 수입 감소세가 둔화된 것과 동일하다.
ㄴ. (×) FTA가 체결되지 않았더라도 반드시 무역수지가 적자였을 것이라고 단정할 수 없다.

ㄷ. (○) FTA 혜택품목의 수출액은 22.1% 증가하였고 비혜택품목 수출액은 32.6% 감소하였으므로 전체 구성에서는 혜택품목의 비중이 증가하였을 것이다.
ㄹ. (×) 비혜택품목의 수출이 감소한 것은 유럽 재정위기와 글로벌 금융위기 등의 효과가 복합적으로 작용한 것이므로 반드시 FTA로 인하여 비혜택품목의 수출이 감소하였다고 단정할 수 없다.

12 따라계산형　　　　　　　　　정답 ③

ㄱ. (×) 300,000 킬로미터 → 300,000킬로미터
단위기호를 한글로 표기하여 쓸 때에는 숫자와 붙여 쓴다.
ㄴ. (○) 36 Mm
ㄷ. (○) 1 mmol
ㄹ. (○) 150 MK
ㅁ. (×) 1 KG → 1 kg
단위기호를 쓸 때에는 소문자, 대문자를 정확히 구분해야 한다.

13 따라계산형　　　　　　　　　정답 ④

휴대전화 1대에서 추출할 수 있는 금은 0.04g이고 휴대전화 1톤에서 추출할 수 있는 금은 280g이므로, 휴대전화 1톤은 휴대전화 7,000대에 해당한다.
ㄱ. (×) 휴대전화 1톤 당 채취할 수 있는 은의 양은 약 0.2×7,000 =1,400g이다.
ㄴ. (○) 원석 1톤에서 4g, 휴대전화 700대에서 28g을 추출할 수 있으므로 700대의 휴대전화에서 채취할 수 있는 금의 양은 원석 1톤의 제련으로 얻을 수 있는 금의 양에 비해 7배 많다.
ㄷ. (×) 표의 '단가'는 1g 당 단가임에 주의하자. 가장 높은 수익을 낼 수 있는 것은 금이다.
ㄹ. (○) 휴대전화 1대에서 가장 많이 추출할 수 있는 금속이 코발트(27.4g)이므로 1톤에서도 마찬가지이다.

14 매칭형　　　　　　　　　　　정답 ①

ㄱ. (○) 1882년 3월에 공사가 시작되었고 1883년부터 가우디가 설계를 맡게 되었으므로 공사를 시작한 이후에 설계자가 바뀌었다.
ㄴ. (○) 12명의 사도를 상징하는 탑 12개(3파사드×4첨탑)와 성모마리아를 상징하는 첨탑 1개, 예수 그리스도를 상징하는 중앙 돔으로 구성된다.
ㄷ. (×) 영광의 파사드는 아직 착공이 되지 않았으나, 수난의 파사드는 가우디 생전에 착공되었는지 여부를 알 수 없다.
ㄹ. (×) 돌이 부족하여 석재 대신 인조 석재와 콘크리트를 사용하므로 재료의 변경이 있었음을 알 수 있다.

15 매칭형
정답 ④

ㄱ. (O) 다른 모든 조건이 일정하다면 X호수 조망권이 사라짐으로 인하여 아파트 시세가 1억 원 하락하였으므로, X호수 전체의 조망의 가치는 1억 원×5,000 세대=5,000억 원으로 추정할 수 있다.

ㄴ. (×) 더욱 쾌적한 자연환경을 누리게 되는 것은 아파트 시세를 올리는 요인이 된다. 따라서 환경 개선으로 상쇄된 부분을 고려하면, 조망권 상실로 인한 가격 하락폭은 1억 원보다 더 컸어야 한다. 그러므로 조망의 가치는 5,000억 원 이상일 것이다.

ㄷ. (O) 여전히 조망을 할 수 있는 다른 아파트들도 시세가 3,000만원 떨어졌다면 총 1억 원의 가격 하락폭이 모두 조망권 상실로 인해 발생한 것은 아니라고 추론할 수 있다. 즉, B아파트 전체의 가격을 하락시킨 공통요인이 있을 수 있다. 따라서 공통요인의 효과를 제거하면 조망의 가치는 5,000억 원 이하일 것이다.

ㄹ. (O) 호숫가를 산책하거나 조깅할 수 있다면 X호수의 산책이용가치는 상실되지 않은 것이므로, 1억 원의 가격 하락에는 산책이용가치가 포함되지 않은 것이다. 따라서 X호수의 산책이용가치가 포함된 총 이용가치는 5,000억 원 이상일 것이다.

16 매칭형
정답 ⑤

① 군인 할인대상인 장교가 정기접수기간 내에 신청하고 취소하였으므로 응시료 전액인 13,500원을 환불받을 수 있다.

② 일반인이 정기접수기간에 신청했고, 정기접수 마감 후 1주일 이내에 취소신청을 하였으므로 27,000원의 70%인 18,900원을 환불받을 수 있다.

③ 육사생도가 정기접수기간에 신청했고, 정기접수 마감 2주일 이후에 취소신청을 하였다. 이때 육사생도는 군인할인 대상이 아니므로 응시료(27,000원)의 30%인 8,100원을 환불받을 수 있다.

④ 추가접수 기간에는 군인할인이 적용되지 않는다는 점을 고려한다면, 추가접수기간에 신청 및 취소하였으므로 추가접수 응시료 전액인 32,000원을 환불받을 수 있다.

⑤ 추가접수기간에 신청하였고, 추가접수기간 이후 및 시험전일 이전에 취소하였으므로 추가접수 응시료의 25%인 8,000원을 환불받을 수 있다. 따라서 이 경우가 환불금액이 가장 적다.

17 매칭형
정답 ③

ㄱ. (×) 조선왕릉은 남한 소재의 40기만 유네스코 세계문화유산에 등재되었다.

ㄴ. (O) 남한에 소재한 단릉 14기 중 3기(태조, 단종, 중종)를 제외한 11기는 왕비의 무덤이다.

ㄷ. (O) 연산군과 광해군은 폐위되어 '군'으로 격하되었기 때문에 그들의 무덤은 '묘'라고 불릴 것이다.

ㄹ. (O) 동원상하봉릉은 모두 쌍릉의 형식을 취하고 있다.

ㅁ. (×) 조선왕릉 42기 중 추존왕을 제외한 왕의 무덤은 모두 25기이다.

18 매칭형
정답 ②

ㄱ. 매뉴얼 1번에 부합한다.

ㄴ. 민원인의 이름을 직접 불렀으므로 매뉴얼 2번에 어긋난다.

ㄷ. 교환 의사 여부를 묻지 않았으므로 매뉴얼 4번에 어긋난다.

ㄹ, ㅁ. 매뉴얼 6번에 부합한다.

19 따라계산형
정답 ③

ㄱ. (×) 2012년에 A군 매출액은 3,800+2,000=5,800억 원이다. 따라서 x와 y는 2,900억 원씩 매출을 올렸을 수 있다. 이 경우 a, b, c 중에서 2,900억 원 이상의 매출을 올리는 제품이 있을 수 있으므로 옳지 않다.

ㄴ. (×) 1.1의 10승을 구하려고 하면 비효율적 접근이 된다. 2002년 이후로 계속 매출액 차이가 감소하려면 2002년 이후로 B군 매출액이 200억 원 이상씩 성장해야 한다. 그러려면 2002년에 매출액이 2,000억 원 이상이어야 하는데, 이 경우 10년간 성장하면 당연히 현재 매출액이 3,000억 원 이상이 되어야 한다. 따라서 2002년에는 200억 원 미만으로 성장하였을 것이므로 매출액 차이가 벌어졌다.

ㄷ. (×) A군은 500억 원 부분만 10%씩 성장하고 나머지는 200억 원씩 정액으로 성장하므로, 3,000억 원 전체가 10%씩 성장하는 B군의 매출액이 먼 미래에는 더욱 많아지게 된다.

ㄹ. (O) ㄷ과 마찬가지로 꾸준히 10%씩 성장하는 z는 먼 미래에 정액으로 성장하는 x, y 매출액을 능가하게 된다.

ㅁ. (O) 10%씩 성장하는 B군의 매출액이 A군을 추월할 것이므로 구성비도 B군의 구성비가 당연히 더 커지게 된다.

20 입장하기형
정답 ②

손상된 사무실을 사용하는 부서 2개를 옮겨야 한다고 하였으므로 304호와 105호는 현재 사용 중이고 그 자리에 각각 하나씩의 부서가 배치되어 있음을 염두에 두고 시작하자. 조건에 부합하는 유일한 사무실의 배치는 다음과 같다.

I	×	H	G (손상)	×
×	D	E	F	×
A	×	×	B	C (손상)

21 입장하기형

정답 ①

- 첫 번째 <조건>을 통해 미국을 2007년에 여행했다는 사실을 알 수 있다.
- 두 번째 <조건>을 통해 터키를 2005년, 일본을 2006년에 여행했다는 사실을 알 수 있다.
- 세 번째 <조건>을 통해 이탈리아를 2005년에 여행할 수 없으므로 2006년 혹은 2008년에 여행했음을 알 수 있다.
- 네 번째 <조건>을 통해 네덜란드는 2006년 또는 2008년에 여행했음을 알 수 있다.

① (O) 중국을 일본보다 먼저 여행하였다면, 중국을 2005년에 여행한 것이 되고, 이로인해 영국과 프랑스 중 한 나라는 2006년에 여행을 하였을 것이므로 네덜란드는 2008년에 여행했음을 알 수 있다.

② (×) 주어진 <조건>을 통해 알 수 있는 것이다.

③ (×) 영국을 2006년 이전에 여행하였다고 하더라도 프랑스를 2005년과 2006년중 언제 여행하였는지 알 수 없으므로 네덜란드를 여행한 연도도 알 수 없다.

④ (×) 이탈리아를 2008년에 여행하였다는 사실만으로 네덜란드를 여행한 연도를 알 수는 없다.

⑤ (×) 주어진 <조건>을 통해 알 수 있는 것이다.

22 매칭형

정답 ④

ㄱ. (O) 당초 정부의 의도에 따를 경우 2억 원(=100억×2%)의 세금인하 혜택이 있다.

ㄴ. (×) 법인세의 경우 조세부담의 역전이 발생하지 않는다는 각주를 통해 옳지 않음을 알 수 있다.

ㄷ. (O) 당기순이익 중 198억 원이 2%의 세율 인하 혜택을 받게 되므로 옳다.

23 매칭형

정답 ③

ㄱ. (×) 비영리적 활동도 산업 활동의 범위에 포함된다.

ㄴ. (O) 가장 최근의 개정이 9차 개정이다.

ㄷ. (O) 통계청은 통계조사 작업에 의무적으로 한국표준산업분류를 사용해야 한다.

ㄹ. (×) 가정 내의 가사 활동은 산업 활동은 아니지만 한국표준산업분류에 포함되어 있다.

24 따라계산형

정답 ④

① (O) 중분류 번호 04는 중분류의 추가여지를 남겨놓기 위하여 비워둔 것이다.

② (O) "0"은 더 이상 하위분류가 세분되지 않을 때 사용하는 숫자이므로, 분류에 사용되는 숫자는 1부터 9까지이다.

③ (O) 티타늄은 비철금속이므로 중분류 062(비철금속 광업)에 속하고, 이를 세분하면 0621 다음의 0622 또는 0629(기타 비철금속 광업)에서 세분한 06292 다음의 06293으로 세분될 수 있다.

④ (×) 0621은 둘 이상으로 세분될 필요가 없으므로 06219는 필요없다.

⑤ (O) 끝자리 숫자 "0"은 더 이상 세분되지 않는다는 뜻이다.

25 따라계산형

정답 ④

ㄱ. (×) 물가상승률이 1%p 상승하면 공식에 의해 기준금리는 1.5%p 상승한다.

ㄴ. (O) 경기호황이 발생하면 실질 성장률은 6%가 되므로 기준금리는 (6-4)×0.5=1%p 상승한다.

ㄷ. (×) 내년도의 물가상승률이 동일하다면 내년 실질성장률의 기댓값은 0.2×6+0.3×4+0.5×2=3.4%이므로 명목 기준금리는 (4-3.4)×0.5=0.3%p 하락할 것이다.

ㄹ. (×) 내년에 경기불황이 발생하여 중앙은행이 명목 기준금리를 내렸더라도 내년 물가상승률은 올해보다 높을 수도 있다. 예를 들어 물가상승률이 3.5%이면 명목기준금리는 3.5+1+0.5×0.5-0.5×2=3.75%로 올해보다 낮아진다.

특별부록

시험장에서 꺼내보는
막판 고득점 전략

학습 가이드

시험장에서 꺼내보는 막판 고득점 전략 안내

시험장에서 꺼내보는 막판 고득점 전략은 본책에 수록된 내용을 적용해볼 수 있는 2021년 7급 PSAT 기출문제와 시뮬레이션 상황별 실전 해설로 구성되어 있습니다. 이러한 시뮬레이션 연습을 하는 이유는 오로지 하루의 평가만으로 당락이 결정되는 시험의 특징상 평소의 느슨한 풀이에서 벗어나 긴장감을 스스로 떠올리며 문제를 접하기 위해서입니다. 지금이 PSAT 시험장이라고 가정하고 실전 상황처럼 시뮬레이션하면서 문제를 풀어보고, 실전 해설을 반복하여 학습하신 후 최종 마무리하시기 바랍니다.

1. 본 특별 부록은 2021년 7급 공채 PSAT 기출문제 전체를 수록하였습니다.

① 유형&난이도

2021년 7급 공채 PSAT 기출문제 전체에 대한 유형과 난이도를 분석하여 표로 제시하였습니다. 난이도는 문항 자체의 절대적인 난이도를 바탕으로 시험장에서의 체감 난이도를 기준으로 하였습니다. 예를 들어 쉬운 문제라 하더라도 끝부분에 위치하면 정답률이 떨어집니다. 따라서 정답률과 문제 배치 등을 기준으로 난이도를 설정하였습니다.

② 해설

본 특별부록은 시험장 시뮬레이션을 위한 것이므로 문제풀이에 대한 자세한 해설은 생략하지만, 본책에서 소개되지 않았던 문제에 대해서는 해설을 간단하게 제시하였습니다. 실전처럼 문제를 풀고 분석할 때 함께 참고하세요.

2. 모든 문제에 대해 할당 시간&목표 시간, 실전 해설을 수록하였습니다.

① 할당 시간&목표 시간

할당 시간은 1문항 당 2분 20초를 기준으로 설정하였습니다. 25문항에 총 60분이 주어지므로 답안지 마킹 시간을 1분 잡으면 평균 소요 시간은 2분 20초가 됩니다. 이를 기준으로 문제의 난이도에 따라 이상적인 소요 시간을 산출하고, 실제 시험장에서 시간 관리에 가장 바람직한 시간을 목표 시간으로 나타냈습니다. 목표 시간에 따라 풀어보면서, 나의 풀이 시간이 얼마나 걸렸는지도 함께 체크해 보세요.

② 실전 해설

정답이 나오는 과정을 해설하지 않고 시험장에서의 생생한 현장감을 서술하였습니다. 같은 난이도라도 앞부분인지 뒷부분인지에 따라 체감 난이도가 다르기 때문입니다. 또 시간의 압박이라는 변수를 고려해서 실질적인 해설을 하였습니다.

3. 7급 공채 PSAT 기출문제 외 5급 공채 PSAT 기출문제를 추가로 수록하였습니다.

긴장감이 느껴지는 시험장 시뮬레이션을 위해서는 난이도나 문제 형태를 다양하게 연습해 볼 필요가 있습니다. 따라서 7급 공채 PSAT 기출문제 외에 출제 가능성이 높은 형태의 5급 공채 PSAT 기출문제도 일부 수록하였습니다. 다양한 문제를 풀어보며 실전 감각을 익혀보세요.

2021년 7급 공채 PSAT 기출문제 문항 분석 및 특징

문항 번호	유형	난이도	문항 번호	유형	난이도
1	매칭형	하	15	매칭형	중
2	매칭형	하	16	매칭형	하
3	매칭형	하	17	매칭형	하
4	따라계산형	중	18	매칭형	중
5	조작계산형	중	19	매칭형	중
6	조작계산형	상	20	매칭형	하
7	입장하기형	상	21	매칭형	상
8	따라계산형	상	22	입장하기형	상
9	따라계산형	중	23	매칭형	하
10	조작계산형	상	24	따라계산형	중
11	조작계산형	하	25		
12	따라계산형	상			
13	따라계산형	중			
14	따라계산형	하			

1. 문제 배치

① 1~10번과 15~20번이 대칭을 이룹니다. 문제 유형뿐만 아니라 난이도 역시 유사하게 배치되어 있습니다.

② 비대칭구간인 12~14번이 시험의 고비 구간입니다.

③ 5~10번이 모두 계산형 또는 입장하기형이고, 12~14번이 비대칭구간이므로 5~14번은 쉬어갈 여유가 없는 구간입니다.

2. 출제 유형

민간경력자 및 5급 공채 PSAT에서 일반적으로 출제되는 유형 중 7급 PSAT에서 출제되지 않거나 출제 비중이 낮은 유형이 있습니다.

① 긴 글(긴 텍스트) 유형이 출제되지 않았습니다.

② 입장하기형의 출제 비중이 낮았습니다.

③ 따라계산형 또는 조작계산형의 비중이 높고, 난이도 또한 높았습니다.

01. 다음 글과 <상황>을 근거로 판단할 때 옳은 것은?

제00조 ① 다음 각 호의 어느 하나에 해당하는 사람은 주민등록지의 시장(특별시장·광역시장은 제외하고 특별자치도지사는 포함한다. 이하 같다)·군수 또는 구청장에게 주민등록번호(이하 '번호'라 한다)의 변경을 신청할 수 있다.
  1. 유출된 번호로 인하여 생명·신체에 위해를 입거나 입을 우려가 있다고 인정되는 사람
  2. 유출된 번호로 인하여 재산에 피해를 입거나 입을 우려가 있다고 인정되는 사람
  3. 성폭력피해자, 성매매피해자, 가정폭력피해자로서 유출된 번호로 인하여 피해를 입거나 입을 우려가 있다고 인정되는 사람
② 제1항의 신청 또는 제5항의 이의신청을 받은 주민등록지의 시장·군수·구청장(이하 '시장 등'이라 한다)은 ○○부의 주민등록번호변경위원회(이하 '변경위원회'라 한다)에 번호변경 여부에 관한 결정을 청구해야 한다.
③ 주민등록지의 시장 등은 변경위원회로부터 번호변경 인용결정을 통보받은 경우에는 신청인의 번호를 다음 각 호의 기준에 따라 지체 없이 변경하고 이를 신청인에게 통지해야 한다.
  1. 번호의 앞 6자리(생년월일) 및 뒤 7자리 중 첫째 자리는 변경할 수 없음
  2. 제1호 이외의 나머지 6자리는 임의의 숫자로 변경함
④ 제3항의 번호변경 통지를 받은 신청인은 주민등록증, 운전면허증, 여권, 장애인등록증 등에 기재된 번호의 변경을 위해서는 그 번호의 변경을 신청해야 한다.
⑤ 주민등록지의 시장 등은 변경위원회로부터 번호변경 기각결정을 통보받은 경우에는 그 사실을 신청인에게 통지해야 하며, 신청인은 통지를 받은 날부터 30일 이내에 그 시장 등에게 이의신청을 할 수 있다.

─────── 〈상 황〉 ───────
甲은 주민등록번호 유출로 인해 재산상 피해를 입게 되자 주민등록번호 변경신청을 하였다. 甲의 주민등록지는 A광역시 B구이고, 주민등록번호는 980101-23456□□이다.

① A광역시장이 주민등록번호변경위원회에 甲의 주민등록번호 변경 여부에 관한 결정을 청구해야 한다.
② 주민등록번호변경위원회는 번호변경 인용결정을 하면서 甲의 주민등록번호를 다른 번호로 변경할 수 있다.
③ 주민등록번호변경위원회의 번호변경 인용결정이 있는 경우, 甲의 주민등록번호는 980101-45678□□으로 변경될 수 있다.
④ 甲의 주민등록번호가 변경된 경우, 甲이 운전면허증에 기재된 주민등록번호를 변경하기 위해서는 변경신청을 해야 한다.
⑤ 甲은 번호변경 기각결정을 통지받은 날부터 30일 이내에 주민등록번호변경위원회에 이의신청을 할 수 있다.

02. 다음 글을 근거로 판단할 때 옳은 것은?

제00조 ① 각 중앙관서의 장은 그 소관 물품관리에 관한 사무를 소속 공무원에게 위임할 수 있고, 필요하면 다른 중앙관서의 소속 공무원에게 위임할 수 있다.
② 제1항에 따라 각 중앙관서의 장으로부터 물품관리에 관한 사무를 위임받은 공무원을 물품관리관이라 한다.
제00조 ① 물품관리관은 물품수급관리계획에 정하여진 물품에 대하여는 그 계획의 범위에서, 그 밖의 물품에 대하여는 필요할 때마다 계약담당공무원에게 물품의 취득에 관한 필요한 조치를 할 것을 청구하여야 한다.
② 계약담당공무원은 제1항에 따른 청구가 있으면 예산의 범위에서 해당 물품을 취득하기 위한 필요한 조치를 하여야 한다.
제00조 물품은 국가의 시설에 보관하여야 한다. 다만 물품관리관이 국가의 시설에 보관하는 것이 물품의 사용이나 처분에 부적당하다고 인정하거나 그 밖에 특별한 사유가 있으면 국가 외의 자의 시설에 보관할 수 있다.
제00조 ① 물품관리관은 물품을 출납하게 하려면 물품출납공무원에게 출납하여야 할 물품의 분류를 명백히 하여 그 출납을 명하여야 한다.
② 물품출납공무원은 제1항에 따른 명령이 없으면 물품을 출납할 수 없다.
제00조 ① 물품출납공무원은 보관 중인 물품 중 사용할 수 없거나 수선 또는 개조가 필요한 물품이 있다고 인정하면 그 사실을 물품관리관에게 보고하여야 한다.
② 물품관리관은 제1항에 따른 보고에 의하여 수선이나 개조가 필요한 물품이 있다고 인정하면 계약담당공무원이나 그 밖의 관계 공무원에게 그 수선이나 개조를 위한 필요한 조치를 할 것을 청구하여야 한다.

① 물품출납공무원은 물품관리관의 명령이 없으면 자신의 재량으로 물품을 출납할 수 없다.
② A중앙관서의 장이 그 소관 물품관리에 관한 사무를 위임하고자 할 경우, B중앙관서의 소속 공무원에게는 위임할 수 없다.
③ 계약담당공무원은 물품을 국가의 시설에 보관하는 것이 그 사용이나 처분에 부적당하다고 인정하는 경우, 그 물품을 국가 외의 자의 시설에 보관할 수 있다.
④ 물품수급관리계획에 정해진 물품 이외의 물품이 필요한 경우, 물품관리관은 필요할 때마다 물품출납공무원에게 물품의 취득에 관한 필요한 조치를 할 것을 청구해야 한다.
⑤ 물품출납공무원은 보관 중인 물품 중 수선이 필요한 물품이 있다고 인정하는 경우, 계약담당공무원에게 수선에 필요한 조치를 할 것을 청구해야 한다.

시뮬레이션 1 | 아직 머리가 풀리지 않았다!

■ **할당 시간:** 4분 40초   **목표 시간:** 1분 30초 + 1분 30초
   나의 풀이 시간: _____분 _____초

■ **실전 해설**

미리 문제지를 펼치면 부정행위라는 감독관의 안내가 나오고 앞에는 시험지가 놓여있습니다. 긴장하며 대기하다가 드디어 시험 시작을 알리고 첫 페이지를 엽니다. 법조문이 두 문제가 연달아 나옵니다. 2022년 시험에서는 어떨까요? 평균적으로 1~2번은 글자가 많은 매칭형이 나옵니다.

> 자세히 읽을지, 요점만 찾아 매칭할지 결정하라.

시간을 꽤 할애해서 꼼꼼하게 지문의 정보들을 암기하고 체크할 것인지, 시간 단축을 위해서 필요한 부분만 체크하며 요점만 읽어줄 것인지 결정해야 합니다. 어느 경우든 매칭을 위한 읽기를 해줍시다.

> <보기>나 <상황>을 지문과 매칭하라.

매칭형의 경우 주어진 <상황>의 사례는 지문에 매칭되도록 제시됩니다. 매칭만 해주어도 연결이 엉뚱하다는 사실을 잡아낼 수 있습니다. 우리가 1번과 2번에서 정신 차리고 읽어야 하는 것은 쏟아져 나오는 주체들을 구분해주는 것입니다. 또 난이도 낮은 앞부분을 빨리 풀어서 시간을 아끼려는 부담감 때문에 오히려 감점하지 않도록 주의해야 합니다. 아직 우리 머리가 풀리지 않은 상태이기 때문에 차분하게 득점에 신경써주세요.

[정답 체크]
01. <상황>의 甲은 A광역시, B구라는 것과 지문에서 시장, 변경위원회의 두 주체와 매칭만 시켜도 선택지 3개 이상이 소거됩니다.
02. 물품관리관, 물품출납공무원, 계약담당공무원 세 주체만 매칭시켜도 됩니다.

[정답] 01.④ 02.①

판옥선은 조선 수군의 주력 군선(軍船)으로 왜구를 제압하기 위해 1555년(명종 10년) 새로 개발된 것이다. 종전의 군선은 갑판이 1층뿐인 평선인 데 비하여 판옥선은 선체의 상부에 상장(上粧)을 가설하여 2층 구조로 만든 배이다. 이 같은 구조로 되어 있기 때문에, 노를 젓는 요원인 격군(格軍)은 1층 갑판에서 안전하게 노를 저을 수 있고, 전투요원들은 2층 갑판에서 적을 내려다보면서 유리하게 전투를 수행할 수 있었다.

전근대 해전에서는 상대방 군선으로 건너가 마치 지상에서처럼 칼과 창으로 싸우는 경우가 흔했다. 조선 수군은 기본적으로 활과 화약무기 같은 원거리 무기를 능숙하게 사용했지만, 칼과 창 같은 단병무기를 운용하는 데는 상대적으로 서툴렀다. 이 같은 약점을 극복하고 조선 수군이 해전에서 승리하기 위해서는, 적이 승선하여 전투를 벌이는 전술을 막으면서 조선 수군의 장기인 활과 대구경(大口徑) 화약무기로 전투를 수행할 수 있도록 선체가 높은 군선이 필요했다.

선체 길이가 20~30m 정도였던 판옥선은 임진왜란 해전에 참전한 조선·명·일본의 군선 중 크기가 큰 편에 속한데다가 선체도 높았기 때문에 일본군이 그들의 장기인 승선전투전술을 활용하기 어렵게 하는 효과도 있었다. 이 때문에 임진왜란 당시 도승지였던 이항복은 "판옥선은 마치 성곽과 같다"라고 그 성능을 격찬했다. 판옥선은 1592년 발발한 임진왜란에서 일본의 수군을 격파하여 조선 수군이 완승할 수 있는 원동력이 되었다. 옥포해전·당포해전·한산해전 등 주요 해전에 동원된 군선 중에서 3척의 거북선을 제외하고는 모두가 판옥선이었다.

판옥선의 승선인원은 시대와 크기에 따라 달랐던 것으로 보인다. 『명종실록』에는 50여 명이 탑승했다고 기록되어 있는 반면에, 『선조실록』에 따르면 거북선 운용에 필요한 사수(射手)와 격군을 합친 숫자가 판옥선의 125명보다 많다고 되어 있어 판옥선의 규모가 이전보다 커진 것을 알 수 있다.

① 판옥선은 갑판 구조가 단층인 군선으로, 선체의 높이가 20~30m에 달하였다.

② 판옥선의 구조는 적군의 승선전투전술 활용을 어렵게 하여 조선 수군이 전투를 수행하는 데 유리하였을 것이다.

③ 『선조실록』에 따르면 판옥선의 격군은 최소 125명 이상이었다.

④ 판옥선은 임진왜란 때 일본의 수군을 격파하기 위해 처음 개발되었다.

⑤ 판옥선은 임진왜란의 각 해전에서 주력 군선인 거북선으로 대체되었다.

과거에는 질병의 '치료'를 중시하였으나 점차 질병의 '진단'을 중시하는 추세로 변화하고 있다. 조기진단을 통해 질병을 최대한 빠른 시점에 발견하고 이에 따른 명확한 치료책을 제시함으로써 뒤늦은 진단 및 오진으로 발생하는 사회적 비용을 최소화하고 질병 관리능력을 증대시키고 있다. 조기진단의 경제적 효과는 실로 엄청난데, 관련 기관의 보고서에 의하면 유방암 치료비는 말기진단 시 60,000~145,000 달러인데 비해 조기진단 시 10,000~15,000 달러로 현저한 차이를 보인다. 또한 조기진단과 치료로 인한 생존율 역시 말기진단의 경우에 비해 4배 이상 증가한 것으로 밝혀졌다.

현재 조기진단을 가능케 하는 진단영상기기로는 X-ray, CT, MRI 등이 널리 쓰이고 있으며, 이 중 1985년에 개발된 MRI가 가장 최신장비로 손꼽힌다. MRI는 다른 기기에 비해 연골과 근육, 척수, 혈관 속 물질, 뇌조직 등 체내 부드러운 조직의 미세한 차이를 구분하고 신체의 이상 유무를 밝히는 데 탁월하여 현존하는 진단기기 중에 가장 성능이 좋은 것으로 평가받고 있다. 이러한 특징으로 인해 MRI는 세포 조직 내 유방암, 위암, 파킨슨병, 알츠하이머병, 다발성경화증 등의 뇌신경계 질환 진단에 많이 활용되고 있다.

전 세계적으로 MRI 관련 산업의 시장규모는 매년 약 42억~45억 달러씩 늘어나고 있다. 한국의 시장규모는 연간 8,000만~1억 달러씩 증가하고 있다. 현재 한국에는 약 800대의 MRI기기가 도입돼 있다. 이는 인구 백만 명 당 16대 꼴로 일본이나 미국에는 미치지 못하지만 유럽이나 기타 OECD 국가들에 뒤지지 않는 보급률이다.

───────〈보 기〉───────

ㄱ. 질병의 조기진단은 경제적 측면 뿐만 아니라, 치료 효과 측면에서도 유리하다.

ㄴ. CT는 조기진단을 가능케 하는 진단영상기기로서, 체내 부드러운 조직의 미세한 차이를 구분하는 데 있어 다른 기기에 비해 더 탁월한 효과를 보여준다.

ㄷ. 한국의 MRI기기 보급률은 대부분의 OECD 국가들과 견줄 수 있는 정도이다.

ㄹ. 한국의 MRI 관련 산업 시장규모는 전 세계 시장규모의 3%를 상회하고 있다.

① ㄱ, ㄷ　　　　　　② ㄱ, ㄹ

③ ㄴ, ㄷ　　　　　　④ ㄴ, ㄹ

⑤ ㄱ, ㄷ, ㄹ

■ **할당 시간:** 4분 40초 **목표 시간:** 1분 20초 + 1분 20초
　나의 풀이 시간: _____분 _____초

■ **실전 해설**

우리가 기출문제를 분석하면서 제일 조심해야 하는 것이 기출문제에 너무 익숙해지면 안 된다는 점입니다. 못 봤던 유형이 불쑥 나타나는 것을 더 신경써야 합니다. 2021년 7급 공채 PSAT 상황판단의 가장 큰 특징이 긴 글이 출제되지 않았다는 것입니다. 따라서 이번 페이지는 그에 대한 시뮬레이션입니다.

> 텍스트가 많을수록 매칭하라. 대부분이 필요 없는 문장이다.

지문이 복잡하고 길수록 위치의 매칭이라는 것을 잊지 마세요. 선택지를 보고 '이 내용은 지문의 어디쯤에 있었다, 선택지의 이 표현은 지문에 무슨 내용과 관련이 있었다' 정도만 알아도 훌륭합니다. 지나치게 꼼꼼한 읽기는 시간의 압박감만 가중시킬 뿐입니다. 뉘앙스의 매칭도 잊지 마세요.

[정답 체크]

추가 01. 지문의 '비용을 최소화하고'는 선택지 ①의 '경제적 측면'과 매칭, 지문의 '뒤지지 않는'은 선택지 ⑤의 '견줄 수 있는'과 매칭입니다.

추가 02. 3단락 첫째 줄 '20~30m 정도였던'이라는 표현은 선택지 ④의 '처음'과 관련이 있습니다. 또한 지문은 '길이'라고 했는데 선택지는 '높이'라고 하는 등 사소해 보이는 단서가 답을 고르는 데 결정적인 역할을 합니다.

[정답] 추가 01.② 추가 02.①

03. 다음 글을 근거로 판단할 때 옳은 것은?

> 제○○조 ① 누구든지 법률에 의하지 아니하고는 우편물의 검열·전기통신의 감청 또는 통신사실확인자료의 제공을 하거나 공개되지 아니한 타인 상호간의 대화를 녹음 또는 청취하지 못한다.
>
> ② 다음 각 호의 어느 하나에 해당하는 자는 1년 이상 10년 이하의 징역과 5년 이하의 자격정지에 처한다.
> 1. 제1항에 위반하여 우편물의 검열 또는 전기통신의 감청을 하거나 공개되지 아니한 타인 상호간의 대화를 녹음 또는 청취한 자
> 2. 제1호에 따라 알게 된 통신 또는 대화의 내용을 공개하거나 누설한 자
>
> ③ 누구든지 단말기기 고유번호를 제공하거나 제공받아서는 안 된다. 다만 이동전화단말기 제조업체 또는 이동통신사업자가 단말기의 개통처리 및 수리 등 정당한 업무의 이행을 위하여 제공하거나 제공받는 경우에는 그러하지 아니하다.
>
> ④ 제3항을 위반하여 단말기기 고유번호를 제공하거나 제공받은 자는 3년 이하의 징역 또는 1천만 원 이하의 벌금에 처한다.
>
> 제□□조 제○○조의 규정에 위반하여, 불법검열에 의하여 취득한 우편물이나 그 내용, 불법감청에 의하여 지득(知得) 또는 채록(採錄)된 전기통신의 내용, 공개되지 아니한 타인 상호간의 대화를 녹음 또는 청취한 내용은 재판 또는 징계절차에서 증거로 사용할 수 없다.

① 甲이 불법검열에 의하여 취득한 乙의 우편물은 징계절차에서 증거로 사용할 수 있다.

② 甲이 乙과 정책용역을 수행하면서 乙과의 대화를 녹음한 내용은 재판에서 증거로 사용할 수 없다.

③ 甲이 乙과 丙 사이의 공개되지 않은 대화를 녹음하여 공개한 경우, 1천만 원의 벌금에 처해질 수 있다.

④ 이동통신사업자 甲이 乙의 단말기를 개통하기 위하여 단말기기 고유번호를 제공받은 경우, 1년의 징역에 처해질 수 있다.

⑤ 甲이 乙과 丙 사이의 우편물을 불법으로 검열한 경우, 2년의 징역과 3년의 자격정지에 처해질 수 있다.

04. 다음 글과 <지원대상 후보 현황>을 근거로 판단할 때, 기업 F가 받는 지원금은?

> □□부는 2021년도 중소기업 광고비 지원사업 예산 6억 원을 기업에 지원하려 하며, 지원대상 선정 및 지원금 산정 방법은 다음과 같다.
>
> ○ 2020년도 총매출이 500억 원 미만인 기업만 지원하며, 우선 지원대상 사업분야는 백신, 비대면, 인공지능이다.
>
> ○ 우선 지원대상 사업분야 내 또는 우선 지원대상이 아닌 사업분야 내에서는 '소요 광고비×2020년도 총매출'이 작은 기업부터 먼저 선정한다.
>
> ○ 지원금 상한액은 1억 2,000만 원이나, 해당 기업의 2020년도 총매출이 100억 원 이하인 경우 상한액의 2배까지 지원할 수 있다. 단, 지원금은 소요 광고비의 2분의 1을 초과할 수 없다.
>
> ○ 위의 지원금 산정 방법에 따라 예산 범위 내에서 지급 가능한 최대 금액을 예산이 소진될 때까지 지원대상 기업에 순차로 배정한다.

〈지원대상 후보 현황〉

기업	2020년도 총매출(억 원)	소요 광고비 (억 원)	사업분야
A	600	1	백신
B	500	2	비대면
C	400	3	농산물
D	300	4	인공지능
E	200	5	비대면
F	100	6	의류
G	30	4	백신

① 없음

② 8,000만 원

③ 1억 2,000만 원

④ 1억 6,000만 원

⑤ 2억 4,000만 원

시뮬레이션 3 | 난이도가 어려워지기 시작한다!

■ **할당 시간:** 4분 40초
　나의 풀이 시간: _____분 _____초

목표 시간: 1분 20초 + 2분 30초

■ **실전 해설**

시험지 넘기자마자 도표부터 눈에 들어옵니다. 이 때문에 3번을 풀면서도 괜히 4번이 신경쓰입니다. 하지만 아직은 초반이므로 한 문제, 한 문제 모두 정확한 득점에 신경써주어야 합니다.

> 따라계산형은 주어진 단서로 차근차근 소거하라.

3번은 매칭형이라 괜찮지만, 초반에 4번과 같은 문제를 만나면 생각보다 시간은 오래 소요되고 잘 풀리질 않아서 당황하기 쉽습니다. 따라서 반드시 4번같은 문제를 만날 경우에 대해 대비해두어야 합니다.

다행인 점은 3번과 4번을 풀면서 이제 우리 두뇌는 풀린 상태가 됩니다. 동시에 앞으로 문제의 난이도는 높아질 겁니다. 1~4번은 긴 글로 지치지만 대신 4문제 모두 득점했다면 매우 성공적입니다. 1번부터 4번은 꼭 다 맞히시길 바랍니다. 그래야만 든든하게 그 다음으로 넘어갈 수 있습니다.

[정답 체크]

04. 지원금이 얼마인지를 묻고 있으므로 주어진 조건을 차근차근 따라가며 사칙연산 해줍니다. 총매출 500억 원 미만이 아닌 A와 B는 소거합니다. 우선 지원대상 사업분야는 D, E, G이고, 광고비×총매출이 작은 순서이므로 G→E→D이며, E와 D는 상한선인 1.2억을 지원받습니다. G는 총매출 100억 원 이하라서 상한액의 2배인 2.4억 원에 해당하지만 소요 광고비의 절반이라는 제한에 걸려서 2억 원을 받습니다. D, E, G까지 총 4.4억 원을 지원했으므로 1.6억 원이 남았습니다. 이제 우선 대상이 아닌 C, F 중에서 광고비×총매출이 작은 순서가 F→C인데 F는 총매출 100억 원 이하이므로 상한액은 2.4억 원이고, 소요 광고비가 6억 원이므로 남은 1.6억 원을 다 지원받습니다.

05. 다음 글의 ⊙과 ⓛ에 해당하는 수를 옳게 짝지은 것은?

> 甲담당관: 우리 부서 전 직원 57명으로 구성되는 혁신조직을 출범시켰으면 합니다.
>
> 乙주무관: 조직은 어떻게 구성할까요?
>
> 甲담당관: 5~7명으로 구성된 10개의 소조직을 만들되, 5명, 6명, 7명 소조직이 각각 하나 이상 있었으면 합니다. 단, 각 직원은 하나의 소조직에만 소속되어야 합니다.
>
> 乙주무관: 그렇게 할 경우 5명으로 구성되는 소조직은 최소 (⊙)개, 최대 (ⓛ)개가 가능합니다.

	⊙	ⓛ
①	1	5
②	3	5
③	3	6
④	4	6
⑤	4	7

06. 다음 글을 근거로 판단할 때, 甲이 통합력에 투입해야 하는 노력의 최솟값은?

> ○ 업무역량은 기획력, 창의력, 추진력, 통합력의 4가지 부문으로 나뉜다.
>
> ○ 부문별 업무역량 값을 수식으로 나타내면 다음과 같다.
>
> | 부문별 업무역량 값 |
> |---|
> | =(해당 업무역량 재능×4)+(해당 업무역량 노력×3) |
> | ※ 재능과 노력의 값은 음이 아닌 정수이다 |
>
> ○ 甲의 부문별 업무역량의 재능은 다음과 같다.
>
> | 기획력 | 창의력 | 추진력 | 통합력 |
> |---|---|---|---|
> | 90 | 100 | 110 | 60 |
>
> ○ 甲은 통합력의 업무역량 값을 다른 어떤 부문의 값보다 크게 만들고자 한다. 단, 甲이 투입 가능한 노력은 총 100이며 甲은 가능한 노력을 남김없이 투입한다.

① 67

② 68

③ 69

④ 70

⑤ 71

시뮬레이션 4 | 본격적인 계산이 시작된다!

■ **할당 시간:** 4분 40초
　나의 풀이 시간: _____분 _____초

목표 시간: 2분 30초 + 2분 30초

■ 실전 해설

문제의 길이가 현저히 짧아지고 도표와 숫자의 비중이 커집니다. 난이도가 올라간다는 뜻이죠. 5번은 최대, 최소를 묻습니다. 6번은 최솟값을 묻습니다. 확정된 하나의 숫자를 묻지 않고 최대 · 최소를 묻는다는 것은 경우의 수가 나온다는 뜻이고 이는 조작계산형일 가능성이 높습니다.

> 계산형이나 입장하기형도 쉬운 문제가 많다.

조작계산형의 문제가 초반에 배치되었다는 것은 수험생에게 어려움을 안겨 주겠다는 뜻입니다. 매칭형은 문제의 길이가 길어도 어떻게든 줄여가며 읽으면 답은 나온다는 믿음이 있는데, 계산형이나 입장하기형은 정리를 해도 답이 나오지 않을까 심리적으로 쫓깁니다. 다소 시간이 걸리더라도 침착하게 득점을 해줍시다. 여기에서 너무 서둘러 시간과 타협하면 뒤에서 감당하기 힘들어집니다. 계산형이나 입장하기형도 난이도가 낮은 문제가 50%이므로 가능하면 득점을 합시다.

계산형이나 입장형도 쉬운 문제가 많습니다. 지레짐작하여 포기하지 말아야 합니다.

[정답 체크]

05. 조작계산은 규칙을 파악하는 과정과 숫자를 조작하는 과정 두 단계입니다. 57에서 (5+6+7)=39 까지만 사칙연산이고 나머지는 숫자를 만져주는 과정입니다. 39라는 숫자로 5 ,6, 7 묶음을 분배해주는 문제입니다.

06. 100을 배분하는 문제입니다.

[정답] 05.④　06.①

07. 다음 글을 근거로 판단할 때, 마지막에 송편을 먹었다면 그 직전에 먹은 떡은?

> 원 쟁반의 둘레를 따라 쑥떡, 인절미, 송편, 무지개떡, 팥떡, 호박떡이 순서대로 한 개씩 시계방향으로 놓여 있다. 이 떡을 먹는 순서는 다음과 같은 규칙에 따른다. 특정한 떡을 시작점(첫 번째)으로 하여 시계방향으로 떡을 세다가 여섯 번째에 해당하는 떡을 먹는다. 떡을 먹고 나면 시계방향으로 이어지는 바로 다음 떡이 새로운 시작점이 된다. 이 과정을 반복하여 떡이 한 개 남게 되면 마지막으로 그 떡을 먹는다.

① 무지개떡

② 쑥떡

③ 인절미

④ 팥떡

⑤ 호박떡

08. 다음 글을 근거로 판단할 때, 甲이 구매하려는 두 상품의 무게로 옳은 것은?

> ○○마트에서는 쌀 상품 A~D를 판매하고 있다. 상품 무게는 A가 가장 무겁고, B, C, D 순서대로 무게가 가볍다. 무게 측정을 위해 서로 다른 두 상품을 저울에 올린 결과, 각각 35kg, 39kg, 44kg, 45kg, 50kg, 54kg으로 측정되었다. 甲은 가장 무거운 상품과 가장 가벼운 상품을 제외하고 두 상품을 구매하기로 하였다.

※ 상품 무게(kg)의 값은 정수이다.

① 19kg, 25kg

② 19kg, 26kg

③ 20kg, 24kg

④ 21kg, 25kg

⑤ 22kg, 26kg

시뮬레이션 5 | 연속된 고난도 문제에 힘이 부친다!

■ **할당 시간:** 4분 40초　　　　　　　**목표 시간:** 2분 40초 + 2분
　나의 풀이 시간: _____분 _____초

■ **실전 해설**

4번부터 8번이 모두 길이가 짧고 어떻게 분류하든 까다로운 문제들의 연속입니다. 페이스가 흐트러지기 쉽습니다. 우리가 7~8번부터 가장 신경써야 하는 것은 컨디션 관리, 그리고 멘탈 관리입니다. 여기서 잊지 말아야 할 것이 있습니다.

> 나만 어려운 것이 아니다.

여기에서 남들보다 우위를 점하면 전체적으로 유리합니다. 뒤에도 한 번 더 난이도 높은 문제들이 나오겠지만 그 때는 수험생 누구나 다 힘들어할 때입니다. 따라서 지금 정신을 다잡고 문제를 해결합니다.

7번은 소재부터 독특합니다. 한눈에 봐도 입장하기형이고 마음의 부담이 큽니다. 쟁반과 다양한 떡이 나오면서 새로운 세계로 입장하게 됩니다. 8번은 한눈에 봐서는 퀴즈로 보입니다. 처음부터 무슨 유형인지 바로 파악이 안 됩니다. 단서를 정리하는 과정에서 규칙을 파악하는 데 초점을 두어야 할지, 숫자를 만져주는 데 초점을 두어야 할지 결정해야 합니다. 쉽게 유형 파악이 어렵다는 점에서 8번은 난이도가 높은 문제입니다.

[정답 체크]

08. 상품 두 개를 합친 숫자를 제시하고 있으므로 선택지의 숫자들을 더해줍니다. ①은 44, ②는 45, ③은 44, ④는 46, ⑤는 48인데 ④와 ⑤는 지문에 없는 숫자이므로 바로 소거합니다. A, B, C, D 순서로 가벼우므로 가장 무거운 A와 두 번째로 무거운 B를 합치면 54kg이고, 54 다음으로 큰 숫자는 50입니다. 이 숫자는 A와 C의 합입니다. 이제 숫자를 조작해야 합니다. 54와 50의 숫자 차이가 눈에 들어옵니다. 즉 B와 C의 차이가 4입니다. 선택지에서 4kg 차이가 나는 것은 ③입니다.

[정답] 07.①　08.③

09. 다음 글을 근거로 판단할 때, A 괘종시계가 11시 정각을 알리기 위한 마지막 종을 치는 시각은?

A 괘종시계는 매시 정각을 알리기 위해 매시 정각부터 일정한 시간 간격으로 해당 시의 수만큼 종을 친다. 예를 들어 7시 정각을 알리기 위해서는 7시 정각에 첫 종을 치기 시작하여 일정한 시간 간격으로 총 7번의 종을 치는 것이다. 이 괘종시계가 정각을 알리기 위해 2번 이상 종을 칠 때, 종을 치는 시간 간격은 몇 시 정각을 알리기 위한 것이든 동일하다. A 괘종시계가 6시 정각을 알리기 위한 마지막 6번째 종을 치는 시각은 6시 6초이다.

① 11시 11초

② 11시 12초

③ 11시 13초

④ 11시 14초

⑤ 11시 15초

10. 다음 글을 근거로 판단할 때, 현재 시점에서 두 번째로 많은 양의 일을 한 사람은?

A부서 주무관 5명(甲~戊)은 오늘 해야 하는 일의 양이 같다. 오늘 업무 개시 후 현재까지 한 일을 비교해 보면 다음과 같다.

甲은 丙이 아직 하지 못한 일의 절반에 해당하는 양의 일을 했다. 乙은 丁이 남겨 놓고 있는 일의 2배에 해당하는 양의 일을 했다. 丙은 자신이 현재까지 했던 일의 절반에 해당하는 일을 남겨 놓고 있다. 丁은 甲이 남겨 놓고 있는 일과 동일한 양의 일을 했다. 戊는 乙이 남겨 놓은 일의 절반에 해당하는 양의 일을 했다.

① 甲

② 乙

③ 丙

④ 丁

⑤ 戊

시뮬레이션 6 | 고비가 찾아왔다!

■ **할당 시간:** 4분 40초 　　　　　　　**목표 시간:** 2분 20초 + 2분 30초

　나의 풀이 시간: _____분 _____초

■ **실전 해설**

아직 엄청나게 많은 문제가 남았다고 착각하기 쉬운 구간입니다. 사실은 절반 가까이 왔기 때문에 이 고비만 넘기면 곧 반환점이고 난이도가 낮은 문제들이 나올 수 있습니다.

> 난해한 문제는 반드시 단서를 준다.

9번은 의외로 난이도가 높습니다. 마지막 문장 "A 괘종시계가 6시 정각을 알리기 위한 마지막 6번째 종을 치는 시각은 6시 6초이다."를 놓치지 말아야 합니다. '6번에 6초니까 1번에 1초구나'라고 판단하면 안 됩니다. 이 문제의 가장 큰 장치는 6번 치면 그 간격이 5개라는 것입니다. 매우 단순한데 알아채기가 어렵습니다.

10번은 시험장에서 문제를 맞닥뜨렸을 때 매우 난감합니다. 9번의 마지막 문장처럼 특정한 단서도 없이 숫자 간의 비율만 제시되었기 때문에 풀이의 시작점을 내가 알아서 설정해야 하는 어려움이 있습니다. 흔하지 않은 계산형이므로 마음의 준비를 단단히 해주어야 합니다.

[정답 체크]

09. 간격이 5개이므로 6초를 5로 나누면 1.2초이고, 11시는 간격이 10개이므로 1.2×10=12초입니다.

1번째 종	2번째 종	3번째 종	4번째 종	5번째 종	6번째 종

6초/5=1.2초

10. 제시된 내용를 표로 정리합니다.

	한 일	안 한 일	총
甲	2	1	3
乙	0.5	2.5	3
丙	2.5	0.5	3
丁	1	2	3
戊	1	2	3

[정답] 09.② 10.③

11. 다음 글과 <대화>를 근거로 판단할 때, 丙이 받을 수 있는 최대 성과점수는?

○A과는 과장 1명과 주무관 4명(甲~丁)으로 구성되어 있으며, 주무관의 직급은 甲이 가장 높고, 乙, 丙, 丁 순으로 낮아진다.
○A과는 프로젝트를 성공적으로 마친 보상으로 성과점수 30점을 부여받았다. 과장은 A과에 부여된 30점을 자신을 제외한 주무관들에게 분배할 계획을 세우고 있다.
○과장은 주무관들의 요구를 모두 반영하여 성과점수를 분배하려 한다.
○주무관들이 받는 성과점수는 모두 다른 자연수이다.

───────── 〈대 화〉 ─────────
甲: 과장님이 주시는 대로 받아야죠. 아! 그렇지만 丁보다는 제가 높아야 합니다.
乙: 이번 프로젝트 성공에는 제가 가장 큰 기여를 했으니, 제가 가장 높은 성과점수를 받아야 합니다.
丙: 기여도를 고려했을 때, 제 경우에는 상급자보다는 낮게 받고 하급자보다는 높게 받아야 합니다.
丁: 저는 내년 승진에 필요한 최소 성과점수인 4점만 받겠습니다.

① 6
② 7
③ 8
④ 9
⑤ 10

12. 다음 글을 근거로 판단할 때, 아기 돼지 삼형제와 각각의 집을 옳게 짝지은 것은?

○아기 돼지 삼형제는 엄마 돼지로부터 독립하여 벽돌집, 나무집, 지푸라기집 중 각각 다른 한 채씩을 선택하여 짓는다.
○벽돌집을 지을 때에는 벽돌만 필요하지만, 나무집은 나무와 지지대가, 지푸라기집은 지푸라기와 지지대가 재료로 필요하다. 지지대에 소요되는 비용은 집의 면적과 상관없이 나무집의 경우 20만 원, 지푸라기집의 경우 5만 원이다.
○재료의 1개당 가격 및 집의 면적 1m²당 필요 개수는 아래와 같다.

구 분	벽돌	나무	지푸라기
1개당 가격(원)	6,000	3,000	1,000
1m2당 필요 개수	15	20	30

○첫째 돼지 집의 면적은 둘째 돼지 집의 2배이고, 셋째 돼지 집의 3배이다. 삼형제 집의 면적의 총합은 11m²이다.
○모두 집을 짓고 나니, 둘째 돼지 집을 짓는 재료 비용이 가장 많이 들었다.

	첫째	둘째	셋째
①	벽돌집	나무집	지푸라기집
②	벽돌집	지푸라기집	나무집
③	나무집	벽돌집	지푸라기집
④	지푸라기집	벽돌집	나무집
⑤	지푸라기집	나무집	벽돌집

시뮬레이션 7 | 극악의 난이도는 벗어났다!

■ **할당 시간:** 4분 40초

　나의 풀이 시간: ＿＿＿＿분 ＿＿＿＿초

■ **목표 시간:** 2분 10초 + 2분 30초

■ **실전 해설**

이제 문제 중반으로 접어듭니다. 시계를 쳐다보니 시간은 절반을 넘겼는데 문제는 아직 10번과 11번입니다. 마음이 초조해지고 시간에 대한 압박 때문에 문제를 제대로 읽기가 어려워집니다.

> 중반이 지나면 앞선 문제 유형이 반복된다.

그런데 여기서 우리가 잊지 말아야 것이 하나 있습니다. 1~10번에 배치된 문제 형태는 15~25번에서 다시 반복됩니다. 5급 공채 PSAT는 40문항이기 때문에 20문항씩 대칭으로 출제됩니다. 5급 공채 PSAT의 경우와는 차이가 있을 수는 있지만 대체로 14번이 퀴즈형 문제였다면 후반의 34번도 퀴즈형 문제를 배치합니다. 그런데 7급 공채 PSAT는 25문항이기 때문에 완전히 대칭을 이루기 힘듭니다. 그래서 대체로 1~10번과 15~25번을 대칭으로 놓는 것 같습니다. 이 때문에 2021년 7급 공채 PSAT 시험에서는 비대칭구간인 11~15번이 마의 구간이었습니다. 이 부분에 반복되는 유형이 무엇일지를 짐작하기 어렵기 때문이지요. 따라서 평소에 어떠한 문제가 나오더라도 유연하게 대처할 수 있도록 준비해 두어야 합니다.

[정답 체크]

11. 최대 점수를 묻고 있고 주어진 숫자 30을 배분하도록 요구합니다. 점수는 을〉갑〉병〉정 순서이고 丁이 4점을 받았으므로 갑, 을, 병에게 26을 배분합니다. 丙에게 8점을 주면 10-9-8이므로 26을 초과, 병에게 7점을 주면 9-8-7=24로 숫자가 딱 떨어집니다.

12. 12번은 짝지은 것을 묻고 있고 도출되는 숫자가 고정되어 있으므로 따라계산형입니다. 이 문제는 함정이 여러군데 들어있어서 난이도가 무척 높은 문제였습니다. 따라가면 답이 나오긴 할텐데 시간이 많이 소요되는 문제이므로 특히 연습을 많이 해두어야 할 것입니다.

[정답] 11. ② 　12. ⑤

13. 다음 <A기관 특허대리인 보수 지급 기준>과 <상황>을 근거로 판단할 때, 甲과 乙이 지급받는 보수의 차이는?

―――〈A기관 특허대리인 보수 지급 기준〉―――

○ A기관은 특허출원을 특허대리인(이하 '대리인')에게 의뢰하고, 이에 따라 특허출원 건을 수임한 대리인에게 보수를 지급한다.
○ 보수는 착수금과 사례금의 합이다.
○ 착수금은 대리인이 작성한 출원서의 내용에 따라 〈착수금 산정 기준〉의 세부항목을 합산하여 산정한다. 단, 세부항목을 합산한 금액이 140만 원을 초과할 경우 착수금은 140만 원으로 한다.

〈착수금 산정 기준〉

세부 항목	금액(원)
기본료	1,200,000
독립항 1개 초과분(1개당)	100,000
종속항(1개당)	35,000
명세서 20면 초과분(1면당)	9,000
도면(1도당)	15,000

※ 독립항 1개 또는 명세서 20면 이하는 해당 항목에 대한 착수금을 산정하지 않는다.

○ 사례금은 출원한 특허가 '등록결정'된 경우 착수금과 동일한 금액으로 지급하고, '거절결정'된 경우 0원으로 한다.

―――――――〈상 황〉―――――――

○ 특허대리인 甲과 乙은 A기관이 의뢰한 특허출원을 각각 1건씩 수임하였다.
○ 甲은 독립항 1개, 종속항 2개, 명세서 14면, 도면 3도로 출원서를 작성하여 특허를 출원하였고, '등록결정'되었다.
○ 乙은 독립항 5개, 종속항 16개, 명세서 50면, 도면 12도로 출원서를 작성하여 특허를 출원하였고, '거절결정'되었다.

① 2만 원
② 8만 5천 원
③ 123만 원
④ 129만 5천 원
⑤ 259만 원

14. 다음 글과 <상황>을 근거로 판단할 때, <보기>에서 옳은 것만을 모두 고르면?

□□부서는 매년 △△사업에 대해 사업자 자격 요건 재허가 심사를 실시한다.
○ 기본심사 점수에서 감점 점수를 뺀 최종심사 점수가 70점 이상이면 '재허가', 60점 이상 70점 미만이면 '허가 정지', 60점 미만이면 '허가 취소'로 판정한다.
 ― 기본심사 점수: 100점 만점으로, ㉮~㉳의 4가지 항목(각 25점 만점) 점수의 합으로 한다. 단, 점수는 자연수이다.
 ― 감점 점수: 과태료 부과의 경우 1회당 2점, 제재 조치의 경우 경고 1회당 3점, 주의 1회당 1.5점, 권고 1회당 0.5점으로 한다.

―――――――〈상 황〉―――――――

ㄱ. 질병의 조기진단은 경제적 측면 뿐만 아니라, 치료 효과 측면에서도 유리하다.
ㄴ. CT는 조기진단을 가능케 하는 진단영상기기로서, 체내 부드러운 조직의 미세한 차이를 구분하는 데 있어 다른 기기에 비해 더 탁월한 효과를 보여준다.
ㄷ. 한국의 MRI기기 보급률은 대부분의 OECD 국가들과 견줄 수 있는 정도이다.
ㄹ. 한국의 MRI 관련 산업 시장규모는 전 세계 시장규모의 3%를 상회하고 있다.

―――――――〈보 기〉―――――――

ㄱ. A의 ㉳ 항목 점수가 15점이라면 A는 재허가를 받을 수 있다.
ㄴ. B의 허가가 취소되지 않으려면 B의 ㉳ 항목 점수가 19점 이상이어야 한다.
ㄷ. C가 2020년에 과태료를 부과받은 적이 없다면 판정 결과가 달라진다.
ㄹ. 기본심사 점수와 최종심사 점수 간의 차이가 가장 큰 사업자는 C이다.

① ㄱ
② ㄴ
③ ㄱ, ㄴ
④ ㄴ, ㄷ
⑤ ㄷ, ㄹ

■ **할당 시간:** 4분 40초　　　　　　　　**목표 시간:** 2분 30초 + 2분 10초
　나의 풀이 시간: _____분 _____초

■ **실전 해설**

문제가 길어졌습니다. 난이도는 상대적으로 쉬워질 가능성이 있다는 뜻입니다. 물론 방심하면 안 됩니다. 이제 우리 집중력이 현저하게 떨어진 상태니까요.

13번은 甲과 乙의 보수의 차이를 물어봤으므로 고정값을 찾아야 합니다. 14번 역시 <보기>의 옳고 그름 여부를 판단하므로 숫자를 조작하는 것은 없습니다. 여기에서 다시 정신력을 재장전합시다. 13번에 비해 14번은 상대적으로 쉽습니다. 6번부터 13번까지 쉽게 넘어갈 문제가 거의 없었던 것으로 보아 14번부터는 난이도가 상대적으로 낮아질 가능성이 있습니다. 왜냐하면 난이도의 배치도 징검다리 식이 아닌 묶음으로 배치하기 때문입니다. '상-하-상-하-상-하'로 배치하기보다는 '상-상-중-하-하-하'식으로 난이도를 연속적으로 배치합니다.

> 문제의 중반은 고난의 구간이지만, 곧 내리막 길이다.

14번이 끝나고 나면 갑자기 시험이 종반으로 치닫습니다. 이제부터는 체력 싸움입니다. 그래서 적성시험은 머리가 맑은 상태를 유지하는 연습도 해두어야 합니다. 특히 체력은 필수입니다. 극단적인 예로 시험 전날 술을 마셨어도 암기 시험은 기억을 끄집어내는 것이 가능하지만 적성시험은 머리가 아예 돌아가질 않습니다. 시험 2주 전부터 체력관리 및 규칙적인 생활패턴을 유지하는 것이 시험 당일의 컨디션을 지켜줄 것입니다.

[정답] 13.③　14.④

15. 다음 글과 <상황>을 근거로 판단할 때, 수질검사빈도와 수질기준을 둘 다 충족한 검사지점만을 모두 고르면?

□□법 제00조(수질검사빈도와 수질기준)
① 기초자치단체의 장인 시장·군수·구청장은 다음 각 호의 구분에 따라 지방상수도의 수질검사를 실시하여야 한다.
  1. 정수장에서의 검사
    가. 냄새, 맛, 색도, 탁도(濁度), 잔류염소에 관한 검사: 매일 1회 이상
    나. 일반세균, 대장균, 암모니아성 질소, 질산성 질소, 과망간산칼륨 소비량 및 증발잔류물에 관한 검사: 매주 1회 이상
       단, 일반세균, 대장균을 제외한 항목 중 지난 1년간 검사를 실시한 결과, 수질기준의 10퍼센트를 초과한 적이 없는 항목에 대하여는 매월 1회 이상
  2. 수도꼭지에서의 검사
    가. 일반세균, 대장균, 잔류염소에 관한 검사: 매월 1회 이상
    나. 정수장별 수도관 노후지역에 대한 일반세균, 대장균, 암모니아성 질소, 동, 아연, 철, 망간, 잔류염소에 관한 검사: 매월 1회 이상
  3. 수돗물 급수과정별 시설(배수지 등)에서의 검사
    일반세균, 대장균, 암모니아성 질소, 동, 수소이온 농도, 아연, 철, 잔류염소에 관한 검사: 매 분기 1회 이상
② 수질기준은 아래와 같다.

항목	기준	항목	기준
대장균	불검출/100mL	일반세균	100CFU/mL 이하
잔류염소	4mg/L 이하	질산성 질소	10mg/L 이하

───── <상 황> ─────

甲시장은 □□법 제00조에 따라 수질검사를 실시하고 있다. 甲시 관할의 검사지점(A~E)은 이전 검사에서 매번 수질기준을 충족하였고, 이번 수질검사에서 아래와 같은 결과를 보였다.

검사지점	검사대상	검사결과	검사빈도
정수장 A	잔류염소	2mg/L	매일 1회
정수장 B	질산성 질소	11mg/L	매일 1회
정수장 C	일반세균	70CFU/mL	매월 1회
수도꼭지 D	대장균	불검출/100mL	매주 1회
배수지 E	잔류염소	2mg/L	매주 1회

※ 제시된 검사대상 외의 수질검사빈도와 수질기준은 모두 충족한 것으로 본다.

① A, D
② B, D
③ A, D, E
④ A, B, C, E
⑤ A, C, D, E

16. 다음 글과 <상황>을 근거로 판단할 때 옳은 것은?

○민원의 종류
  법정민원(인가·허가 등을 신청하거나 사실·법률관계에 관한 확인 또는 증명을 신청하는 민원), 질의민원(법령·제도 등에 관하여 행정기관의 설명·해석을 요구하는 민원), 건의민원(행정제도의 개선을 요구하는 민원), 기타민원(그 외 상담·설명 요구, 불편 해결을 요구하는 민원)으로 구분함
○민원의 신청
  문서(전자문서를 포함, 이하 같음)로 해야 하나, 기타민원은 구술 또는 전화로 가능함
○민원의 접수
  민원실에서 접수하고, 접수증을 교부하여야 함(단, 기타민원, 우편 및 전자문서로 신청한 민원은 접수증 교부를 생략할 수 있음)
○민원의 이송
  접수한 민원이 다른 행정기관의 소관인 경우, 접수된 민원 문서를 지체 없이 소관 기관에 이송하여야 함
○처리결과의 통지
  접수된 민원에 대한 처리결과를 민원인에게 문서로 통지하여야 함(단, 기타민원의 경우와 통지에 신속을 요하거나 민원인이 요청하는 경우, 구술 또는 전화로 통지할 수 있음)
○반복 및 중복 민원의 처리
  민원인이 동일한 내용의 민원(법정민원 제외)을 정당한 사유 없이 3회 이상 반복하여 제출한 경우, 2회 이상 그 처리결과를 통지하였다면 그 후 접수되는 민원에 대하여는 바로 종결 처리할 수 있음

───── <상 황> ─────

○甲은 인근 공사장 소음으로 인한 불편 해결을 요구하는 민원을 A시에 제기하려고 한다.
○乙은 자신의 영업허가를 신청하는 민원을 A시에 제기하려고 한다.

① 甲은 구술 또는 전화로 민원을 신청할 수 없다.
② 乙은 전자문서로 민원을 신청할 수 없다.
③ 甲이 신청한 민원이 다른 행정기관 소관 사항인 경우라도, A시는 해당 민원을 이송 없이 처리할 수 있다.
④ A시는 甲이 신청한 민원에 대한 처리결과를 전화로 통지할 수 있다.
⑤ 乙이 동일한 내용의 민원을 이미 2번 제출하여 처리결과를 통지받았으나 정당한 사유 없이 다시 신청한 경우, A시는 해당 민원을 바로 종결 처리할 수 있다.

■ **할당 시간:** 4분 40초

나의 풀이 시간: _____분 _____초

목표 시간: 2분 + 1분 40초

■ **실전 해설**

앞에서 설명했듯이 문제의 사이클이 한번 더 반복됩니다. 문제의 사이클이 반복되기 때문에 매칭형 문제이면서 문제의 길이가 늘어납니다. 난이도는 오히려 쉬워진다는 뜻입니다. 하지만 체력이 고갈되고 집중력은 낮아져서 그 길이만으로도 부담스럽게 느껴질 수 있습니다.

> 매칭으로 집중력을 도와라.

여기에서 필요한 것은 매칭을 위한 읽기입니다. 암기하려는 부담을 조금 내려놓고 위치의 매칭을 시도해봅시다. 난이도가 어렵지는 않지만 읽기가 싫어지는 현상은 펜으로 매칭시켜주는 물리적인 작업으로 보완할 수 있으니까요. 분명히 답이 나올만한 문제인데 여기에서 주춤거릴 수 없습니다.

[정답 체크]

15. 말그대로 귀찮게 할 뿐이지 특이하게 어려운 건 없습니다. 진정으로 집중력을 테스트하는 문제입니다.

16. <상황>은 요소가 간단합니다. 甲과 乙 모두 A시에 민원을 제기하는데 甲은 공사장 소음, 乙은 영업허가이므로 지문의 법정민원과 기타민원에 매칭해줍니다.

[정답] 15.③ 16.④

17. 다음 글과 <상황>을 근거로 판단할 때 옳지 않은 것은?

제00조 ① 건축물을 건축하거나 대수선하려는 자는 특별자치시장·특별자치도지사 또는 시장·군수·구청장의 허가를 받아야 한다. 다만 21층 이상의 건축물이나 연면적 합계 10만 제곱미터 이상인 건축물을 특별시나 광역시에 건축하려면 특별시장이나 광역시장의 허가를 받아야 한다.
② 허가권자는 제1항에 따른 허가를 받은 자가 다음 각 호의 어느 하나에 해당하면 허가를 취소하여야 한다. 다만 제1호에 해당하는 경우로서 정당한 사유가 있다고 인정되면 1년의 범위에서 공사의 착수기간을 연장할 수 있다.
  1. 허가를 받은 날부터 2년 이내에 공사에 착수하지 아니한 경우
  2. 제1호의 기간 이내에 공사에 착수하였으나 공사의 완료가 불가능하다고 인정되는 경우
제00조 ① ○○부 장관은 국토관리를 위하여 특히 필요하다고 인정하거나 주무부장관이 국방, 문화재보존, 환경보전 또는 국민경제를 위하여 특히 필요하다고 인정하여 요청하면 허가권자의 건축허가나 허가를 받은 건축물의 착공을 제한할 수 있다.
② 특별시장·광역시장·도지사(이하 '시·도지사'라 한다)는 지역계획이나 도시·군계획에 특히 필요하다고 인정하면 시장·군수·구청장의 건축허가나 허가를 받은 건축물의 착공을 제한할 수 있다.
③ ○○부 장관이나 시·도지사는 제1항이나 제2항에 따라 건축허가나 건축허가를 받은 건축물의 착공을 제한하려는 경우에는 주민의견을 청취한 후 건축위원회의 심의를 거쳐야 한다.
④ 제1항이나 제2항에 따라 건축허가나 건축물의 착공을 제한하는 경우 제한기간은 2년 이내로 한다. 다만 1회에 한하여 1년 이내의 범위에서 제한기간을 연장할 수 있다.

─── <상 황> ───
甲은 20층의 연면적 합계 5만 제곱미터인 건축물을, 乙은 연면적 합계 15만 제곱미터인 건축물을 각각 A광역시 B구에 신축하려고 한다.

① 甲은 B구청장에게 건축허가를 받아야 한다.
② 甲이 건축허가를 받은 경우에도 A광역시장은 지역계획에 특히 필요하다고 인정하면 일정한 절차를 거쳐 甲의 건축물 착공을 제한할 수 있다.
③ B구청장은 주민의견을 청취한 후 건축위원회의 심의를 거쳐 건축허가를 받은 乙의 건축물 착공을 제한할 수 있다.
④ 乙이 건축허가를 받은 날로부터 2년 이내에 정당한 사유 없이 공사에 착수하지 않은 경우, A광역시장은 건축허가를 취소하여야 한다.
⑤ 주무부장관이 문화재보존을 위하여 특히 필요하다고 인정하여 요청하는 경우, ○○부 장관은 건축허가를 받은 乙의 건축물에 대해 최대 3년간 착공을 제한할 수 있다.

18. 다음 글을 근거로 판단할 때 옳지 않은 것은?

제00조 ① 정보공개심의회(이하 '심의회'라 한다)는 다음 각 호의 구분에 따라 10인 이내의 위원으로 구성한다.
  1. 내부 위원: 위원장 1인(○○실장)과 각 부서의 정보공개 담당관 중 지명된 3인
  2. 외부 위원: 관련분야 전문가 중에서 총 위원수의 3분의 1 이상 위촉
② 위원은 특정 성별이 다른 성별의 2분의 1 이하가 되지 않도록 한다.
③ 위원장을 비롯한 내부 위원의 임기는 그 직위에 재직하는 기간으로 하며, 외부 위원의 임기는 2년으로 하되 2회에 한하여 연임할 수 있다.
④ 심의회는 위원장이 소집하고, 회의는 위원장을 포함한 재적위원 3분의 2 이상의 출석으로 개의하고 출석위원 3분의 2 이상의 찬성으로 의결한다.
⑤ 위원은 부득이한 이유로 참석할 수 없는 경우에는 서면으로 의견을 제출할 수 있다. 이 경우 해당 위원은 심의회에 출석한 것으로 본다.

① 외부 위원의 최대 임기는 6년이다.
② 정보공개심의회는 최소 6명의 위원으로 구성된다.
③ 정보공개심의회 내부 위원이 모두 여성일 경우, 정보공개심의회는 7명의 위원으로 구성될 수 있다.
④ 정보공개심의회가 8명의 위원으로 구성되면, 위원 3명의 찬성으로 의결되는 경우가 있다.
⑤ 위원장을 포함한 위원 5명이 직접 출석하여 이들 모두 안건에 찬성하고, 위원 2명이 부득이한 이유로 서면으로 의견을 제출한 경우, 제출된 서면 의견에 상관없이 해당 안건은 찬성으로 의결된다.

시뮬레이션 10 | 쉬운 난이도의 문제가 연달아 제시된다!

■ 할당 시간: 4분 40초
나의 풀이 시간: _____분 _____초

목표 시간: 1분 40초 + 1분 50초

■ 실전 해설

매칭형의 문제가 연달아 이어집니다. 난이도도 높지 않습니다. 득점을 꼭 해주어야 하는 문제들인데 여기에서 실점을 하면 매우 위험합니다. 떨어진 집중력으로 실수도 나오기 쉽습니다. 앞에서 매칭형 문제가 나왔었기 때문에 현재 4문제가 연달아 매칭형이 나온 것인데, 이것은 다음 문제에서 다시 난이도 높은 계산형이나 입장하기형 문제가 나올 가능성이 있다는 것을 의미합니다.

시험장에서 의외로 많은 수험생들이 겪는 현상이 하나 있습니다. 앞에서 페이스가 흐트러져서 비관적인 생각을 하기 쉽습니다. 앞에서 풀었던 문제들이 다 틀린 것만 같고 또 해결하지 못해서 남겨둔 몇 문제들이 자꾸 생각납니다. 시간을 더 단축하지 못하면 다시 돌아가서 풀어주지 못할 거라는 두려움도 듭니다. 멘탈이 가장 흔들리는 구간입니다.

17번과 18번처럼 후반부에 위치한 매칭형 문제들은 길이가 길 뿐 정답을 내는 것은 생각보다 어렵지 않습니다. 다시 힘을 내주세요.

[정답 체크]

17. <상황>이 주어지면 반드시 <상황>에 제시된 사례를 지문과 매칭해야 합니다. 甲은 20층, 乙은 15만 제곱미터, 그리고 A광역시 B구 세 가지 요소가 나오므로 지문에 해당되는 부분만 찾아 매칭하세요. 甲은 20층인데 지문은 21층 이상이라는 것만 알아도 허가는 광역시장과 관련 있음을 알 수 있습니다.

[정답] 17.③ 18.④

19. 다음 글을 근거로 판단할 때, <보기>에서 옳은 것만을 모두 고르면?

2021년에 적용되는 ○○인재개발원의 분반 허용 기준은 아래와 같다.

○ 분반 허용 기준
　－일반강의: 직전 2년 수강인원의 평균이 100명 이상이거나, 그 2년 중 1년의 수강인원이 120명 이상
　－토론강의: 직전 2년 수강인원의 평균이 60명 이상이거나, 그 2년 중 1년의 수강인원이 80명 이상
　－영어강의: 직전 2년 수강인원의 평균이 30명 이상이거나, 그 2년 중 1년의 수강인원이 50명 이상
　－실습강의: 직전 2년 수강인원의 평균이 20명 이상
○ 이상의 기준에도 불구하고 직전년도 강의만족도 평가점수가 90점 이상이었던 강의는 위에서 기준으로 제시한 수강인원의 90% 이상이면 분반을 허용한다.

〈보 기〉

ㄱ. 2019년과 2020년의 수강인원이 각각 100명과 80명이고 2020년 강의만족도 평가점수가 85점인 일반강의 A는 분반이 허용된다.
ㄴ. 2019년과 2020년의 수강인원이 각각 10명과 45명인 영어강의 B의 분반이 허용되지 않는다면, 2020년 강의만족도 평가점수는 90점 미만이었을 것이다.
ㄷ. 2019년 수강인원이 20명이고 2020년 강의만족도 평가점수가 92점인 실습강의 C의 분반이 허용되지 않는다면, 2020년 강의의 수강인원은 15명을 넘지 않았을 것이다.

---

① ㄴ
② ㄷ
③ ㄱ, ㄴ
④ ㄱ, ㄷ
⑤ ㄴ, ㄷ

---

20. 다음 글과 <상황>을 근거로 판단할 때, <사업 공모 지침 수정안>의 밑줄 친 ㉮~㉲ 중 '관계부처 협의 결과'에 부합한 것만을 모두 고르면?

○ '대학 캠퍼스 혁신파크 사업'을 담당하는 A주무관은 신청 조건과 평가지표 및 배점을 포함한 〈사업 공모 지침 수정안〉을 작성하였다. 평가지표는 I~IV의 지표와 그 하위 지표로 구성되어 있다.

〈사업 공모 지침 수정안〉

㉮ □ 신청 조건
최소 1만m² 이상의 사업부지 확보. 단, 사업부지에는 건축물이 없어야 함

□ 평가지표 및 배점

평가지표	배점	
	현행	수정
㉯ I. 개발 타당성	20	25
－ 개발계획의 합리성	10	10
－ 관련 정부사업과의 연계가능성	5	10
－ 학습여건 보호 가능성	5	5
㉰ II. 대학의 사업 추진 역량과 의지	10	15
－ 혁신파크 입주기업 지원 방안	5	5
－ 사업 전담조직 및 지원체계	5	5
－ 대학 내 주체 간 합의 정도	－	5
㉱ III. 기업 유치 가능성	10	10
－ 기업의 참여 가능성	7	3
－ 참여 기업의 재무건전성	3	7
㉲ IV. 시범사업 조기 활성화 가능성	10	삭제
－ 대학 내 주체 간 합의 정도	5	이동
－ 부지 조기 확보 가능성	5	삭제
합계	50	50

〈상 황〉

A주무관은 〈사업 공모 지침 수정안〉을 작성한 후 뒤늦게 '관계부처 협의 결과'를 전달받았다. 그 내용은 다음과 같다.

○ 대학이 부지를 확보하는 것이 쉽지 않으므로 신청 사업부지 안에 건축물이 포함되어 있어도 신청 허용
○ 도시재생뉴딜사업, 창업선도대학 등 '관련 정부사업과의 연계가능성' 평가비중 확대
○ 시범사업 기간이 종료되었으므로 시범사업 조기 활성화와 관련된 평가지표를 삭제하되 '대학 내 주체 간 합의 정도'는 타 지표로 이동하여 계속 평가
○ 논의된 내용 이외의 하위 지표의 항목과 배점은 사업의 안정성을 위해 현행 유지

---

① ㉮, ㉯
② ㉮, ㉱
③ ㉯, ㉰
④ ㉰, ㉲
⑤ ㉯, ㉰, ㉲

시뮬레이션 11 | 난이도에 큰 변화 없이 평이한 문제가 이어진다!

■ **할당 시간:** 4분 40초
  나의 풀이 시간: _____분 _____초

목표 시간: 2분 + 1분 30초

■ **실전 해설**

다행히도 후반부로 가면서 난이도에 큰 변화가 나타나지는 않습니다. 15번부터 20번까지 계속 매칭형이 나오므로 득점을 위해 노력해줍니다.

[정답 체크]

19. 매칭형 같기도 하고 따라계산형 같기도 합니다. 하지만 막상 풀어보면 펜을 사용할 필요가 없습니다. '2년 수강인원', '그 2년 중 1년의 수강인원', '평가 점수 90점 이상'이라는 요소와 선택지만 매칭해주면 됩니다.

20. 형태로 봐서는 독특한 영역입니다. 사실 <보고서형>이라고 분류해도 무방합니다. 다만 이 책은 사고작용으로 분류하기 때문에 독자적인 명칭을 사용하지 않았을 뿐입니다. 또 앞으로 이러한 유형이 늘어날 가능성도 있으므로 신경써주는 것이 좋습니다. 보고서형이라서 숫자가 등장해도 계산을 요구하는 선택지는 없습니다. 지문의 도표는 '5 → 10'이라는 형태로 나타내고 선택지에서는 '확대'라는 식으로 표현의 매칭이 됩니다.

[정답] 19.⑤ 20.⑤

21. 다음 글과 <대화>를 근거로 판단할 때, ㉠에 들어갈 丙의 대화내용으로 옳은 것은?

주무관 丁은 다음과 같은 사실을 알고 있다.
○ 이번 주 개업한 A식당은 평일 '점심(12시)'과 '저녁(18시)'으로만 구분해 운영되며, 해당 시각 이전에 예약할 수 있다.
○ 주무관 甲~丙은 A식당에 이번 주 월요일부터 수요일까지 서로 겹치지 않게 예약하고 각자 한 번씩 다녀왔다.

─── ⟨대 화⟩ ───

甲: 나는 이번 주 乙의 방문후기를 보고 예약했어. 음식이 정말 훌륭하더라!

乙: 그렇지? 나도 나중에 들었는데 丙은 점심 할인도 받았대. 나도 다음에는 점심에 가야겠어.

丙: 월요일은 개업일이라 사람이 많을 것 같아서 피했어.

┌─────── ㉠ ───────┐
└──────────────────┘

丁: 너희 모두의 말을 다 들어보니, 각자 식당에 언제 갔는지를 정확하게 알겠다!

① 乙이 다녀온 바로 다음날 점심을 먹었지.

② 甲이 먼저 점심 할인을 받고 나에게 알려준 거야.

③ 甲이 우리 중 가장 늦게 갔구나.

④ 월요일에 갔던 사람은 아무도 없구나.

⑤ 같이 가려고 했더니 이미 다들 먼저 다녀왔더군.

22. 다음 글과 <상황>을 근거로 판단할 때, 날씨 예보 앱을 설치한 잠재 사용자의 총수는?

내일 비가 오는지를 예측하는 날씨 예보시스템을 개발한 A청은 다음과 같은 날씨 예보 앱의 '사전테스트전략'을 수립하였다.
○ 같은 날씨 변화를 경험하는 잠재 사용자의 전화번호를 개인의 동의를 얻어 확보한다.
○ 첫째 날에는 잠재 사용자를 같은 수의 두 그룹으로 나누어, 한쪽은 "비가 온다"로 다른 한쪽에는 "비가 오지 않는다"로 메시지를 보낸다.
○ 둘째 날에는 직전일에 보낸 메시지와 날씨가 일치한 그룹을 다시 같은 수의 두 그룹으로 나누어, 한쪽은 "비가 온다"로 다른 한쪽에는 "비가 오지 않는다"로 메시지를 보낸다.
○ 이후 날에도 같은 작업을 계속 반복한다.
○ 보낸 메시지와 날씨가 일치하지 않은 잠재 사용자를 대상으로도 같은 작업을 반복한다. 즉, 직전일에 보낸 메시지와 날씨가 일치하지 않은 잠재 사용자를 같은 수의 두 그룹으로 나누어, 한쪽은 "비가 온다"로 다른 한쪽에는 "비가 오지 않는다"로 메시지를 보낸다.

─── ⟨상 황⟩ ───

A청은 사전테스트전략대로 200,000명의 잠재 사용자에게 월요일부터 금요일까지 5일간 메시지를 보냈다. 받은 메시지와 날씨가 3일 연속 일치한 경우, 해당 잠재 사용자는 날씨 예보 앱을 그날 설치한 후 제거하지 않았다.

① 12,500명

② 25,000명

③ 37,500명

④ 43,750명

⑤ 50,000명

시뮬레이션 12 | 또 다시 어려운 문제들이 나온다!

■ **할당 시간:** 4분 40초　　　　　　**목표 시간:** 2분 30초 + 3분
　나의 풀이 시간: _____분 _____초

■ **실전 해설**

고통의 구간입니다. 그렇지 않아도 시간에 쫓겨 정신없는데 난이도 높은 문제들이 연달아 나왔습니다. 마음이 급해져서 다음 페이지를 넘겨보기도 하고 어떤 문제들을 먼저 풀어줘야 할까 고민도 해봅니다. 만약 현재까지의 운영이 원활하지 않은 상황이라면 어려운 21번, 22번보다는 차라리 읽으면 답이 나올 것 같은 23번, 24번을 먼저 풀어주는 것도 고려해봐야 합니다. 시간이 넉넉하지 않은 상황이라면 좀 더 득점하기 좋은 문제를 먼저 푸는 것도 하나의 요령이니까요.

> 득점에 유리한 취사 선택을 하라.

만약 시간이 현저히 부족해서 다 풀지 못하는 상황이라면 무엇을 버리고 무엇을 취할지 확실히 결정해줍시다. 5~15번에서 난이도 높은 문제를 만나도 가능하면 해결을 해주는 것이 바람직하지만 후반부에 위치하는 난이도 높은 문제는 시험 전체의 운영과 관련하여 무엇이 이득인지를 생각해야 합니다. 초반부터 너무 요령을 피우면 곤란하지만 후반에는 답안지 체크와 앞에서 풀지못하고 넘긴 문제와의 형평을 고려하여 전략을 짜줘야 하니까요.

[정답 체크]

21. 매우 톡특한 문제입니다. 丙의 발언을 듣기 전까지는 경우의 수가 여러 개가 나오지만 丙의 발언이 나오고 나서 甲, 乙, 丙, 丁의 순서가 정해지게 됩니다. 보통 지문은 단서를 주는 데 반해서 이 문제는 들어갈 단서를 묻고 있습니다. 철저하게 대비해야 하는 문제 유형입니다.

[23~24] 다음 글을 읽고 물음에 답하시오.

○ 국가는 지방자치단체인 시·군·구의 인구, 지리적 여건, 생활권·경제권, 발전가능성 등을 고려하여 통합이 필요한 지역에 대하여는 지방자치단체 간 통합을 지원해야 한다.

○ △△위원회(이하 '위원회')는 통합대상 지방자치단체를 발굴하고 통합방안을 마련한다. 지방자치단체의 장, 지방의회 또는 주민은 인근 지방자치단체와의 통합을 위원회에 건의할 수 있다. 단, 주민이 건의하는 경우에는 해당 지방자치단체의 주민투표권자 총수의 50분의 1 이상의 연서(連書)가 있어야 한다. 지방자치단체의 장, 지방의회 또는 주민은 위원회에 통합을 건의할 때 통합대상 지방자치단체를 관할하는 특별시장·광역시장 또는 도지사(이하 '시·도지사')를 경유해야 한다. 이 경우 시·도지사는 접수받은 통합건의서에 의견을 첨부하여 지체 없이 위원회에 제출해야 한다. 위원회는 위의 건의를 참고하여 시·군·구 통합방안을 마련해야 한다.

○ □□부 장관은 위원회가 마련한 시·군·구 통합방안에 따라 지방자치단체 간 통합을 해당 지방자치단체의 장에게 권고할 수 있다. □□부 장관은 지방자치단체 간 통합권고안에 관하여 해당 지방의회의 의견을 들어야 한다. 그러나 □□부 장관이 필요하다고 인정하여 해당 지방자치단체의 장에게 주민투표를 요구하여 실시한 경우에는 그렇지 않다. 지방자치단체의 장은 시·군·구 통합과 관련하여 주민투표의 실시 요구를 받은 때에는 지체 없이 이를 공표하고 주민투표를 실시해야 한다.

○ 지방의회 의견청취 또는 주민투표를 통하여 지방자치단체의 통합의사가 확인되면 '관계지방자치단체(통합대상 지방자치단체 및 이를 관할하는 특별시·광역시 또는 도)'의 장은 명칭, 청사 소재지, 지방자치단체의 사무 등 통합에 관한 세부사항을 심의하기 위하여 공동으로 '통합추진공동위원회'를 설치해야 한다.

○ 통합추진공동위원회의 위원은 관계지방자치단체의 장 및 그 지방의회가 추천하는 자로 한다. 통합추진공동위원회를 구성하는 각각의 관계지방자치단체 위원 수는 다음에 따라 산정한다. 단, 그 결과값이 자연수가 아닌 경우에는 소수점 이하의 수를 올림한 값을 관계지방자치단체 위원 수로 한다.

> 관계지방자치단체 위원 수=[(통합대상 지방자치단체 수)×6+(통합대상 지방자치단체를 관할하는 특별시·광역시 또는 도의 수)×2+1]÷(관계지방자치단체 수)

○ 통합추진공동위원회의 전체 위원 수는 위에 따라 산출된 관계지방자치단체 위원 수에 관계지방자치단체 수를 곱한 값이다.

23. 윗글을 근거로 판단할 때 옳은 것은?

① □□부 장관이 요구하여 지방자치단체의 통합과 관련한 주민투표가 실시된 경우에는 통합권고안에 대해 지방의회의 의견을 청취하지 않아도 된다.

② 지방의회가 의결을 통해 다른 지방자치단체와의 통합을 추진하고자 한다면 통합건의서는 시·도지사를 경유하지 않고 △△위원회에 직접 제출해야 한다.

③ 주민투표권자 총수가 10만 명인 지방자치단체의 주민들이 다른 인근 지방자치단체와의 통합을 △△위원회에 건의하고자 할 때, 주민 200명의 연서가 있으면 가능하다.

④ 통합추진공동위원회의 위원은 □□부 장관과 관계지방자치단체의 장이 추천하는 자로 한다.

⑤ 지방자치단체의 장은 해당 지방자치단체의 통합을 △△위원회에 건의할 때, 지방의회의 의결을 거쳐야 한다.

24. 윗글과 <상황>을 근거로 판단할 때, '통합추진공동위원회'의 전체 위원 수는?

―〈상 황〉―

甲도가 관할하는 지방자치단체인 A군과 B군, 乙도가 관할하는 지방자치단체인 C군, 그리고 丙도가 관할하는 지방자치단체인 D군은 관련 절차를 거쳐 하나의 지방자치단체로 통합을 추진하고 있다. 현재 관계지방자치단체장은 공동으로 '통합추진공동위원회'를 설치하고자 한다.

① 42명
② 35명
③ 32명
④ 31명
⑤ 28명

특별 부록

해커스 7급 PSAT 이준 심화 합격반 4주 완성

■ **할당 시간:** 4분 40초

목표 시간: 1분 20초 + 2분 10초

   나의 풀이 시간: _____분 _____초

■ **실전 해설**

21~22번이 높은 난이도로 우리를 당황시킨다면 이번에는 지문의 길이에 압도됩니다. 2021년 7급 공채 PSAT 시험에서는 지문 하나에 두 문항 문제가 후반부에 배치되어 수험생들을 당혹시켰습니다. 앞으로의 시험에서는 이를 대비하고 들어가야 합니다. 5급 공채 PSAT 시험은 40문항이고 전반 20문항 후반 20문항이 대체로 대칭을 이루기 때문에 1지문 2문항도 앞에서는 19~20번, 뒤에서는 39~40번에 배치가 됩니다. 25문항인 7급 PSAT는 대칭배치가 어렵기 때문에 두 문항 세트 문제의 배치가 유동적입니다. 앞으로의 시험에도 23~24번 자리에 배치될지는 알 수 없습니다. 실제 5급 공채 PSAT 시험에서 19~20번, 39~40번 자리에 배치되는 상식을 깨고 뜬금없이 7~8번이나 11~12번 자리에 배치되는 경우도 있었습니다. 따라서 7급 공채 PSAT 시험도 1지문 2문항 짜리의 배치가 달라질 것에 대해 대비해야 합니다.

본 교재는 유형을 분류할 때 외형상으로 구분하지 않기 때문에 지문 하나에 문제가 2개 출제되는 경우를 따로 다루지 않았습니다. 여기에서 자세히 다루도록 하겠습니다. 1지문 2문항 유형은 지문의 길이에 먼저 압도당하기 쉽습니다. 지문을 다 읽고 두 문제를 풀어줘야 할지, 어느 정도 읽고 한 문제 해결하고 또 다시 읽고 나머지 문제를 처리해야 할지 고민이 되죠.

> 1지문 2문항은 지문 전체를 묻는 문제부터 처리하자.

일반적으로 1문항은 글의 전체를 묻고, 1문항은 글이 일부분에 집중해서 묻습니다. 글의 전체를 묻는 문제는 매칭형에 해당하고, 다른 한 문항은 계산형, 특히 따라계산형인 경우가 많습니다. 그러므로 지문의 어느 특정 부분에 초점을 두고 묻는 문제는 나중에 처리하고 우선은 지문 전체를 묻는 문제부터 처리를 해주는 것이 바람직합니다. 다른 스타일의 1지문 2문항을 수록했으니 다음 문제를 풀어보세요.

[정답] 23.① 24.②

15세기 후반 왕실의 도자기 수요량이 증가하자 국가가 도자기 제조를 직접 관리하게 되었다. 광주분원은 왕실에 필요한 도자기를 구워내기 위해 경기도 광주군에 설치한 관요(官窯)였다. 광주군 일대는 질 좋은 소나무 숲이 많았기 때문에 관요에 필요한 연료를 공급하는 시장절수처(柴場折受處)로 지정되었다.

예로부터 백자가마에서는 숯이나 재가 남지 않고 충분한 열량을 낼 수 있는 소나무를 연료로 사용했다. 불티가 남지 않는 소나무는 백자 표면에 입힌 유약을 매끄럽게 해 질 좋은 백자를 굽는 데 최상의 연료였다. 철분이 많은 참나무 종류는 불티가 많이 생겨서 백자 표면에 붙고, 그 불티가 산화철로 변하여 유약을 바른 표면에 원하지 않는 자국을 내기 때문에 예열할 때 외에는 땔감으로 사용하지 않았다. 도자기를 굽는 데는 많은 땔감이 필요하였다. 한 가마에서 백자 1,500개를 생산하기 위해서는 50짐의 소나무 장작이 필요했다. 장작 1거(車)는 5~6태(駄)를 말하며 1태는 2짐에 해당하는 분량이었다.

분원은 소나무 땔감을 안정적으로 공급받기 위하여 시장절수처 내의 수목이 무성한 곳을 찾아 약 10년에 한번 꼴로 그 장소를 이동하였다. 분원이 설치되어 땔감에 필요한 소나무를 다 채취한 곳은 소나무가 무성하게 될 때까지 기다렸다가 다시 그 곳에 분원을 설치하여 수목을 채취하는 것이 원칙이었다. 질 좋은 소나무 확보가 중요했기 때문에 시장절수처로 지정된 곳의 소나무는 관요에 필요한 땔감으로만 사용을 하고 다른 관청의 사용을 전면 금지하였다.

그러나 실제로는 한 번 분원이 설치되어 소나무를 채취한 곳은 화전으로 개간되었기 때문에 다시 그 곳에서 땔감을 공급받을 수 없게 되었다. 그리하여 17세기 말경에는 분원을 교통이 편리한 곳에 고정시켜 두고 땔감을 분원으로 운반하여 사용하자는 분원고정론(分院固定論)이 대두되었다. 이러한 논의는 당시에는 실현되지 못하였고, 경종 원년(1721년) 이후에야 분원을 고정시켜 시장절수처 이외의 장소에서 땔감을 구입하여 사용하게 되었다.

한편 17세기 후반부터는 분원에 소속된 공장(工匠)의 생계를 보조하기 위하여 그들에게 사경영(私經營)을 허용하였고, 이것이 점차 늘어나 18세기에 들어와서는 상인자본이 개입하기에 이르렀다. 19세기에는 그 규모가 더욱 늘어 결국 고종 21년(1884년)에는 관요의 기능을 상실하였다.

추가 23. 윗글에 근거하여 추론할 때 옳은 것은?

① 시장절수처의 소나무는 질이 좋아서 관청의 건축에 사용되었을 것이다.

② 17세기에는 시장절수처의 소나무 숲 상태를 고려하여 분원이 이동되었을 것이다.

③ 19세기에 양반들은 광주분원의 공장에게서 도자기를 구입할 수 없었을 것이다.

④ 소나무 확보가 어려워지자 분원을 고정하고 땔감을 구매하자는 주장이 제기되어, 17세기 말부터 분원이 고정되었을 것이다.

⑤ 광주군 일대는 질 좋은 소나무가 많아 19세기까지 광주분원은 정기적으로 순환하면서 시장절수처에서 땔감을 공급받았을 것이다.

추가 24. 광주분원 2,000가마에서 300만 개의 백자를 생산하는데 필요했던 장작의 양은? (단, 장작 1거는 5태로 계산한다)

① 1,000거

② 1,500거

③ 5,000거

④ 7,500거

⑤ 10,000거

시뮬레이션 14 | 역사 소재가 나오지 않았다!

■ **할당 시간:** 4분 40초

　나의 풀이 시간: _____분 _____초

목표 시간: 1분 20초 + 2분

■ **실전 해설**

2021년 7급 공채 PSAT에서 특이한 것은 역사 소재가 거의 등장하지 않았다는 것입니다. 5급 공채 PSAT에서는 매우 빈도가 높은 소재입니다. 따라서 언제든지 역사 소재가 등장할 것에 대비해야 합니다.

하지만 상황판단에서는 그 소재가 역사이든 과학이든 결국은 매칭이나 따라계산형을 섞어낼 가능성이 높습니다. 즉, 소재와 내용에 현혹되지 말고 주어진 단서를 바탕으로 기계적인 사칙연산에 초점을 두는 연습을 해야 합니다. 특히 긴 글을 통해 따라계산하도록 출제하기 때문에 겉으로 봐서는 매칭형인 듯싶다가 막상 풀면 계산형인 경우가 매우 많으니 유의합니다.

[정답] 추가 23.② 추가 24.⑤

25. 다음 글과 <상황>을 근거로 판단할 때, 괄호 안의 ㉠과 ㉡에 해당하는 것을 옳게 짝지은 것은?

○ 행정구역분류코드는 다섯 자리 숫자로 구성되어 있다.
○ 행정구역분류코드의 '처음 두 자리'는 광역자치단체인 시·도를 의미하는 고유한 값이다.
○ '그 다음 두 자리'는 광역자치단체인 시·도에 속하는 기초자치단체인 시·군·구를 의미하는 고유한 값이다. 단, 광역자치단체인 시에 속하는 기초자치단체는 군·구이다.
○ '마지막 자리'에는 해당 시·군·구가 기초자치단체인 경우 0, 자치단체가 아닌 경우 0이 아닌 임의의 숫자를 부여한다.
○ 광역자치단체인 시에 속하는 구는 기초자치단체이며, 기초자치단체인 시에 속하는 구는 자치단체가 아니다.

〈상 황〉

○○시의 A구와 B구 중 B구의 행정구역분류코드의 첫 네 자리는 1003이며, 다섯 번째 자리는 알 수 없다.
甲은 ○○시가 광역자치단체인지 기초자치단체인지 모르는 상황에서, A구의 행정구역분류코드는 ○○시가 광역자치단체라면 (㉠), 기초자치단체라면 (㉡)이/가 가능하다고 판단하였다.

	㉠	㉡
①	10020	10021
②	10020	10033
③	10033	10034
④	10050	10027
⑤	20030	10035

시뮬레이션 15 | 마지막 문제이다!

■ 할당 시간: 2분 20초　　　　　　　　　　**목표 시간:** 2분 30초
　　나의 풀이 시간: _____분 _____초

■ 실전 해설

만약 문제를 모두 풀고 시간이 남는다면 차분히 답안지 마킹을 하면 되지만, 아직 해결하지 못한 문제가 있다면 우선은 답안지 마킹부터 해주어야 합니다. 마킹 실수도 염두에 두어야 하므로 답안지는 우선적으로 해결해 놓고 해결하지 못한 문제를 풀어주도록 합니다.

> 답안지 마킹에 신경쓰자.

25번은 앞부분에 위치했더라도 풀기가 어려운 문제에 속합니다. 극단적으로 얘기하면 풀지 않는 것이 더 나을 수도 있습니다. 실제로 자기 역량을 고려해서 풀지 않을 문제를 고르는 것도 능력일 수 있습니다. 다만 이러한 능력도 연습을 통해서 길러지므로 너무 우습게 생각하지 말고 평소에 진지하게 고민해보는 것이 바람직합니다. 다행히 이 문제는 마지막 문제라서 대다수의 수험생들이 풀지 않았거나 풀지 못했을 가능성이 큽니다.

[정답 체크]

25. 이 문제의 가장 큰 출제 장치는 광역자치단체에 속하는 구는 끝자리가 0이고, 기초자치단체에 속하는 구의 번호는 임의로 부여하는데, 사례로 주어진 B구가 1003이므로 3이라야 하는 것에 있습니다. 즉 ㉠의 끝자리는 0이고 ㉡의 넷째 자리는 3이라는 것입니다.

2022 최신판

해커스
7급 PSAT
이준 상황판단
4주 완성

초판 1쇄 발행 2022년 3월 31일

지은이	이준
펴낸곳	해커스패스
펴낸이	해커스공무원 출판팀

주소	서울특별시 강남구 강남대로 428 해커스공무원
고객센터	1588-4055
교재 관련 문의	gosi@hackerspass.com
	해커스공무원 사이트(gosi.Hackers.com) 교재 Q&A 게시판
	카카오톡 플러스 친구 [해커스공무원강남역], [해커스공무원노량진]
학원 강의 및 동영상강의	gosi.Hackers.com

ISBN	979-11-6880-171-4 (13320)
Serial Number	01-01-01

최단기 합격 공무원학원 1위,
해커스공무원 gosi.Hackers.com

해커스공무원

- 공무원 특강, 1:1 맞춤 컨설팅, 합격수기 등 공무원 시험 합격을 위한 다양한 무료 콘텐츠
- 해커스공무원 전문 선생님의 **본 교재 인강**(교재 내 할인쿠폰 수록)

헤럴드미디어 2018 대학생 선호 브랜드 대상 '대학생이 선정한 최단기 합격 공무원학원' 부문 1위

해커스공무원 **단기 합격생**이 말하는
공무원 합격의 비밀!

해커스공무원과 함께라면
다음 합격의 주인공은 바로 여러분입니다.

10개월 만에
전산직 1차 합격!

최*석 합격생

언어논리는 결국 '감'과 '기호화'의 체화입니다.

언어논리 조은정 선생님의 강의를 통해 **제시문 구조, 선지 구조** 등 문제접근법에 대해서 배웠고, 그 방식을 토대로 문제 푸는 방식을 체화해가면서 감을 찾아갔습니다. 설명도 깔끔하게 해주셔서 **도식화도 익힐 수 있었습니다.**

단 3주 만에
PSAT 고득점 달성!

김*태 합격생

총 준비기간 3주 만에 PSAT 합격했습니다!

자료해석 김용훈 선생님은 인강으로 뵈었는데도 정말 **친절하셔서 강의 보기 너무 편안했습니다.** 분수비교와 계산방법 등 선생님께서 쉽게 이해를 도와주셔서 많은 도움이 되었습니다.

7개월 만에
외무영사직 1차 합격!

문*원 합격생

상황판단은 무조건 '길규범' 입니다!

수험생이 접하기 어려운 과목임에도 불구하고 **길규범 선생님께서는** 정말 **여러가지의 문제풀이 방법**을 알려주십니다. 강의가 거듭될수록 문제푸는 스킬이 나무처럼 카테고리화 되어서 문제에 쉽게 접근할 수 있게 되었어요!
